【世界著名军事院校系列】

RUSSIA'S FRUNZE MILITARY ACADEMY

俄罗斯伏龙芝军事学院

通向将帅之路的桥梁

《世界著名军事院校系列》编写组

·北 京·

图书在版编目（CIP）数据

俄罗斯伏龙芝军事学院：通向将帅之路的桥梁 /《世界著名军事院校系列》编写组编著 . 北京：中国经济出版社，2014 . 6（2023.8 重印）

（世界著名军事院校系列）

ISBN 978-7-5136-3153-2

Ⅰ. ①俄… Ⅱ. ①世… Ⅲ. ①军事院校—介绍—俄罗斯 Ⅳ. ① E512.3

中国版本图书馆 CIP 数据核字（2014）第 108379 号

责任编辑　丁　楠

责任审读　贺　静

责任印制　马小宾

封面设计　任燕飞工作室

出版发行　中国经济出版社

印 刷 者　三河市同力彩印有限公司

经 销 者　各地新华书店

开　　本　880mm × 1230mm　1/32

印　　张　5.25

字　　数　96 千字

版　　次　2014 年 6 月第 1 版

印　　次　2023 年 8 月第 3 次

书　　号　ISBN 978-7-5136-3153-2

定　　价　48.00 元

广告经营许可证　京西工商广字第 8179 号

中国经济出版社　**网址** www. economyph. com　**社址** 北京市东城区安定门外大街 58 号　**邮编** 100011

本版图书如存在印装质量问题，请与本社销售中心联系调换（联系电话：010-57512564）

编委会

主　编：徐路明

副主编：李志强　顾子迪

编　者：赵　丽　王　耀

向　群　张云佳　谢　强

出版说明

自工业革命以来，为适应战争和技术发展的需要，不同类型的军事院校相继建立起来。随着时代的变迁，有的军校已经湮灭于历史长河中；有的则经历了血与火的洗礼，培养出大批杰出的人才，留下一个个动人的故事；有的甚至可以浓缩成国家的历史，最终成为军事名校。

当前，世界新军事变革正如火如荼地进行，针对现代科学技术发展对信息化战争的影响，世界发达国家都纷纷提倡质量建军，将军队院校教育与训练工作列为重点，培养新型军事人才。这些军事名校适应形势的发展，纷纷调整教学内容和手段，以期在新军事变革大潮中留下自己鲜明的足迹。

新时期新阶段，习近平主席对军队明确提出了“能打仗，打胜仗”的要求。为了贯彻这一指示，需要我们去了解、学习外国军事名校的情况，借他山之石、攻己山之玉，从而更好地发展我军军事教育。

为此，我们组织出版了《世界著名军事院校》系列丛书。丛书内容列举了当今几所具有世界影响力的军事院校，从建校历史、招生对象、培训方式、教学内容、特色训练、杰出人物等方面进行全面的阐述。通过阅读本套丛书，期待让更多的青年朋友和军官们了解外军的情况，对我军院校训练与教育有一个对比性的把握，从而增强爱国爱军、当兵习武的责任感。

前 言

世界四大军事名校中，这是唯一的一所中、高级院校，从这里走出的元帅和将军，远高于美国西点军校、英国桑赫斯特皇家军事学院以及法国的圣西尔军校。如果说西点是传奇而张扬，桑赫斯特是低调而优雅，圣西尔是沧桑而显赫，那么伏龙芝则是厚重而朴实。

从这里，可以一窥俄罗斯典型的军事传统文化。

伏龙芝军事学院诞生在苏维埃政权建立初期，经历了苏俄内战和抗击外国干预时期，在第二次世界大战期间经历了考验。在整个苏联时期，学院为苏军及其他社会主义国家军队培养了大批优秀军事人才；在苏联解体之后，学院适应新时期世界军事变革大环境，也进行了相应改革，并取得了很大的发展。

伏龙芝军事学院培养了一大批著名军事首长，苏联“三驾马车”（朱可夫、科涅夫、罗科索夫斯基）都曾在学院学习；苏联卫国战争之各大战役中都有伏龙芝学员的影子；莫斯科会战、列宁格勒会战、斯大林格勒战役、库尔斯克会战、柏林战役等这些永载史册的经典战例，主要军事首长都是伏龙芝军事学院的学员，师、团级部队也有很多是由伏龙芝毕业学员指挥的。可以毫不夸张地说，是伏龙芝军事学院在苏德战场上打败了德国的将军们，在中国战场上逼降了日本关东军。

第二次世界大战之后，伏龙芝军事学院创新性地提出了很多符合当时苏联战略的军事理论，直接指导着苏军建设。苏联解体后，伏龙芝军事学院在继承的基础上开始了新的发展。如今，它已成为俄罗斯联邦武装力量合成学院，通过合并十几所其他军事院校，成立了陆军军事教学科研中心。

伏龙芝军事学院的历程，就是苏联和俄罗斯走过的历程；它的历史就是现代俄军（苏军）的一个缩影，这是一所世界上迄今为止培养元帅最多的学院。

今天回顾伏龙芝军事学院的历史和文化，品读伏龙芝军事学院的相关故事和人物，能够给我们带来不一样的感觉，体验那种既熟悉又陌生的氛围。

目 录

1918年，世界上第一所社会主义高等军事学府——伏龙芝军事学院在战火纷飞中诞生。因学院对苏联武装力量建设和发展所作出的杰出贡献，被人们冠以“红军大脑”的美誉。

伏龙芝军事学院

学院自创建以来，培养了成千上万名思想成熟、具有过硬军事素养的军官。在外国武装干涉和苏俄国内战争时期，学院培养的毕业生为争取苏维埃共和国的自由和独立进行过

■1917年十月革命中，工人赤卫队和革命军队攻打冬宫。

严酷的战斗；在哈桑湖地域和哈拉哈河上，他们同日本精锐的关东军作战；在卡累利阿地峡，他们同芬兰白军交手；在伟大卫国战争时期，他们率领部队身经百战。

而今，随着世界格局的变化，这座苏联的伏龙芝军事学院已成为俄罗斯军事科学发展中心之一，但人们依旧铭记“伏龙芝是红军发展壮大的一部历史教科书”。

一、战火硝烟中诞生

1917 年，俄国爆发了“十月革命”，推翻了资产阶级临时政府，建立起世界上第一个社会主义政权。然而，被推翻的地主资产阶级并不甘心自己的失败，他们组织起白卫军与新生的红色政权进行武装对抗，梦想夺回已经失去的天堂。同时，世界各主要资本主义国家也不愿意看到苏维埃俄国的诞生和壮大，他们有的积极支持白卫军挑起内战，有的干脆直接派兵武装干涉，企图将年轻的苏维埃政权扼杀在摇篮之中。对于刚刚诞生的苏维埃国家来说，武装捍卫社会主义政权便成为当务之急。

面对国家经济千疮百孔、国内战争和外国武装干涉日益严重的情况，布尔什维克党认识到：要想顺利粉碎国际帝国主义的侵略，就必须建立一支新型、正规、强大的社会主义军队。于是，在建立和巩固工农红军的活动中，培养新的指挥干部便成为共产党头等重要的事情，开办一所为革命军队培养高级军事指挥人员的专门学校，摆到了军事决策部门的议事日程上来。

当时的苏维埃政府，曾试图通过改造旧学院来开展建立苏维埃军事院校的工作。他们解散了沙皇俄国的军队，但没有取缔军事院校，而是设置了军校总政委的职位，并任命了各军事院校的政治委员，然而这些措施和努力并没能如愿。

1918 年 8 月 4 日，被任命为东方面军司令员的 И.И. 瓦采蒂斯来到旧学院进行动员。由于红军新编部队缺乏训练有素的军事干部，瓦采蒂斯决定调用学院学员和教员担任指挥和司令部领导职务。瓦采蒂斯后来回忆道，“我对集合在大厅里的学员们讲述我们在指挥——司令部工作方面存在严重缺乏干部的情况，建议愿加入喀山防卫部队和愿为苏维埃政权战斗的人站出来。使我十分吃惊的是，站出来的仅有五、六个人。其余的学员和教员都回避了。”

这样的局面让身为东方面军司令员的瓦采蒂斯清楚地意识到：旧学院完全是在与苏维埃俄国不相适应的意识形态中成长起来的，在当时形势下，它只是苏维埃俄国的一个累赘！瓦采蒂斯说：“我叫来了院长安多格斯基，对他说学院解散，人员可以各奔东西。”“随后，捷克军和白匪部队冲进了喀山，学院所有人员几乎都转向他们一边，白匪头目决定将学院从喀山迁往符拉迪沃斯托克附近的俄罗斯岛上。就这样，在红军远东军粉碎白匪军的武装干涉以后，作为被时代淘汰了的俄国的遗迹——旧尼古拉总参谋部学院终止了自己的存在。”

苏联红军骑兵在战斗

当把旧总参谋部学院改造为苏维埃共和国第一所军事学院的计划破灭时，新生的苏维埃政府不得不建一所新的军事院校培养工农红军的指挥人员。

1918 年 12 月 8 日，也就是距离新生政权成立约 1 年的时间，国家正处在阶级斗争的战火硝烟中，工农红军总参谋部学院在首都莫斯科正式宣告成立，学制为 3 年，主要培养工农红军的指挥人员，这就是今天俄罗斯伏龙芝军事学院的原始雏形。

二、经受内战考验

1919 年春天，距离学院成立还不足半年，国内战争变得更加激烈和艰苦，年轻的红军急需指挥干部，有关方面决定缩短在校学员的学习时间，使其提前毕业，派他们到东部前线，

■苏俄内战期间，为抗击邓尼金白军进攻莫斯科，红军向南部战线增派援军。

以打退高尔察克白卫军的进犯。就这样，还在襁褓中的工农红军总参谋部学院忍痛送出了她的第一批毕业生。

这一年的4月19日，学院为首批250名学员举行了隆重的毕业典礼。列宁到会并讲了话，他在讲话中指出："我们的军队是一支正规的、按照无产阶级原则建立起来的、严格统一指挥的军队。你们应巧妙地运用学到的知识，不懈地加强军队纪律，组织司令部工作，千方百计地使红军和我们的党以及人民心心相印。"

伴随着内战的继续，学院的许多学员被缩短学习时间，或尚未来得及参加毕业考试，就被派到了前线。校方允许他们在战斗结束后，再回学校继续完成学习任务，通过考试毕业。这期间，很多学员在战斗中作战英勇，指挥有方，深受广大官兵的好评。

然而，战事完结后，各个部队都不愿意放这些学员回校，称赞他们是不可替代的难得人才，都舍不得放走这些宝贝疙瘩。

面对这意想不到的情况，共和国革命军事委员会只得作出决定，禁止各方面军随意截留那些具有丰富实战经验的学员。如确实需要，必须经过革命军事委员会的特别批准。决定强调指出："假如部队自上而下无限制地截留尚未毕业的学院学员，那是目光短浅，因为这势必影响以后向作战部队输送受过完整军事学院训练的指挥人员。"

直到国内的白卫军大部被消灭，外国武装干涉也基本被

伏龙芝军事学院课堂

击退，此时军事学院的学员才有条件坐下来，进行系统、正规的理论学习。

1921年8月初，工农红军总参谋部学院改名为工农红军军事学院，由图哈切夫斯基元帅担任院长。

同年底，首批101名经过3年制完整学习的学员毕业了。他们大部分被任命为师、旅、团的首长和各类军事学校教员，有的则进入国防部、总参谋部及其所属各部局工作。1922年1月9日，为了表彰学院为培养红军干部所作出的杰出贡献，共和国革命军事委员会授予学院红旗勋章。

三、伏龙芝时代

1924年4月19日，39岁的苏联革命军事委员会副主席和工农红军总参谋长伏龙芝被任命为军事学院院长。

作为列宁的学生兼战友的伏龙芝，是苏俄和苏联党和国家的著名活动家，具有丰富的马列主义理论知识和军事知识，而且在国内战争中经验丰富、战绩卓越。他担任院长期间，全面展开教学改革，极大地促进军事学院的教育与理论研究

伏龙芝军事学院主楼对面街心公园中矗立的伏龙芝雕像

的发展，后人把学院发展的这一阶段称为“伏龙芝时代”。

1. 培训“听党指挥”的军官

伏龙芝走马上任后，首先明确了学院培训目标：学员不仅要掌握军事技能，还要不断提高自己的思想理论水平。即学院培养出的不仅是能指挥部队，而且能对部队进行政治教育的新型指挥员。

伏龙芝认为，学院培养的指挥干部，应当同共产主义建设的实践和部队生活联系在一起。他说：“……为使我们工农红军指挥员——即性质完全不同于过去的军队指挥员，站到应有的高度看待问题，需要他们完全掌握马克思列宁主义方法论……建立列宁主义学校，学习列宁主义原理。这不仅是

为了一般地扩大视野，同时也是学习我们纯粹的军事战略和合同战术所必需。”

围绕这样的培训目标，学院十分重视党务工作。1924 年 10 月，伏龙芝在参加党总支委员会扩大会议时，在会议上发表了讲话，详细论述改善党政工作和教学工作的具体方法，帮助委员会找到了团结党的积极分子和学院全体人员以实现党中央要求的具体道路。

在很短的时间内，伏龙芝就凭借自身的能力和魅力，把党的积极分子紧密地团结在一起，使军事学院成为贯彻苏共路线和巩固苏共对红军领导的基地。

2. 加强教研室力量建设

为提升教育的针对性和质量水平，伏龙芝加强了学院教学的基本单元教研室建设。他树立教研室在学院中的崇高地位，选拔出一大批有丰富战斗经验的指挥员和军事首长担任教研室主任，以促使教学和科研工作取得显著成效。

如苏联副陆海军人民委员 M.H. 图哈切夫斯基担任战略教研室主任；工农红军副参谋长 B.K. 特里安达菲洛夫任战役教研室主任；红军装甲坦克兵总监 K.Б. 卡利诺夫斯基任装甲坦克兵教研室主任；著名军事工程师 Д.M. 卡尔贝舍夫教授任工程教研室主任；著名学者 B.Φ. 诺维茨基任世界战争史教研室主任。

根据当时的形式任务，伏龙芝还增设相关教研室，并重新调整了所有学习科目的教学安排和教学内容。如认识到外语对一名军官的重要性，成立了统一的外语教研室，第一任主任是 Б.И.多利沃·多勃罗沃利斯基。

1924年，成立了“战役教研室”，专门研究和讲授战役学。这意味着从此将战役学作为一门独立的课程从战略中分离出来，“战略—战役—战术”的新公式取代了20世纪20年代初占统治地位的“战略—战术”公式，有力地促进了军事界对所有战役准备和战役实施问题进行更加深入的研究。高级进修班毕业生之一——苏联元帅 Г.К.朱可夫这样回忆道：“在高级干部进修班里，学员们深入地研究了一系列极为重要的战役战术题目和专题，熟悉了红军部队的新式技术装备和武器。”

与此同时，将战略学、战役学、战术学、社会经济各门学科、战争史和军事学术史、外语等科目调整为主要学习课程。每门学习课程都有明确的学习大纲，每个年级都有学习这门

M.H.图哈切夫斯基

B.K.特里安达菲洛夫

1929年伏龙芝军事学院教员合影

课程的不同程序。

3．加强军事理论研究

作为红军的著名统帅和杰出的无产阶级革命军事理论家，伏龙芝要求教员和学员深刻研究马克思主义理论，并将其运用于军事科学和实践活动中。学院依据当时工农红军新颁发的临时野战条令，结合以往的战争经验，深入研究新的军事学术领域。

第一次世界大战时的俄军

1925年，在伏龙芝领导下，新成立起来的战役教研室集体撰写了《战役实施、统帅和野战指挥工作》一书。书中首次论述了以当时红军拥有的兵力兵器为出发点的战役实施观点，正确地规定了战役目的——击溃或全歼敌人有生力量，明确了行动方法——不间断地进攻，即进入毫不停顿和没有间歇的长距离的战役追击。进攻表现为一系列连续的战役，而每一个战役都是夺取最后胜利的道路上的一个中间环节。

在研究军事理论时，伏龙芝倡导经验的传承。一方面，他主张继承旧军事专家的经验，对新、老教员的经验融合给予了极大的关注。他坚决反对某些学员对教员和旧军事专家的偏见。他说："在解决问题时要下大气力研究老经验，没有旧军事专家的帮助，我们不仅不能出院士，而且将一事无成。我们必须同遗留下来的旧军队总参谋部人员携手并进，广泛利用他们的知识，努力在我们红色熔炉里锻炼他们中那些愿为加强苏联实力而忠诚、勤恳、一心一意（这样的人很少）地工作的人。"

另一方面，他非常重视对苏俄国内战争经验的总结。对如何认识国内战争经验的重要性这个重大问题，他甚至在学院与人发生激烈的争论和辩论。伏龙芝指出，在认识内战经验上有两种错误：一是旧军事专家轻视内战经验，二是年轻工作者过高地估计这些经验。他又指出：否定国内战争经验的人远不如对其估计偏高的人接近真理。国内战争经验"应得到最全面而详细的研究，因为我们的斗争方式符合特定的历史条件……"学院扩大了国内战争经验研究计划，广泛展开了国内战争经验的研究工作。

伏龙芝在演习现场

伏龙芝与儿子、女儿在一起

1925 年 10 月 31 日，年仅 40 岁的米哈伊尔·瓦西里耶维奇·伏龙芝与世长辞，终止了自己激情的工作。在哀悼的日子里，学院全体人员请求苏联革命军事委员会批准以米哈伊尔·瓦西里耶维奇·伏龙芝的名字命名学院。

1925 年 11 月 5 日，即“十月革命”8 周年的前夕，苏联革命军事委员会发布命令，决定以伏龙芝的名字来命名这所学院，改名为工农红军伏龙芝军事学院。以下为命令的内容：

苏联革命军事委员会命令　第 1086 号

为永远纪念陆海军人民委员、苏联革命军事委员会主席

■1941年11月7日，苏军官兵高呼着“我宣誓：不惜为保卫社会主义祖国而献出生命”的激昂口号越过红场，开赴战场。

米哈伊尔·瓦西里耶维奇·伏龙芝同志，应工农红军军事学院的请求，苏联革命军事委员会兹决定：将工农红军军事学院更名为工农红军伏龙芝工农红军军事学院。

四、卫国战争的磨砺

1941年6月22日，德国发动了对苏联的大规模武装进攻。与苏联红军的所有官兵一样，伏龙芝军事学院自卫国战争爆发的第一天起，就勇敢地战斗在保卫祖国的前线。学院通过缩短培训时间、调整教学内容等方式，向前线输送大批军官，不仅有效保障了卫国战争的胜利，同时也积累了丰富的办学经验。

1. 缩短培训周期

战争开始几天之后，学院按照收到的国防人民委员部的计划，制定了新的教学大纲。大纲规定“三年级的学习任务要用一个月的时间完成，二年级的学习任务用三个月时间完成，一年级学员的训练时间规定为一年。”不久，又决定将一

伏龙芝军事学院课堂教学

年级学员训练时间由一年缩短为八个月。

这种战时速成式培训班，促使学院在战争初期的四个月内，向前线输送了 2792 名军官（不光是学员，还包括部分教员）。在卫国战争爆发后的两年半时间内，从学院直接送去前线的将军和其他军官学员约 6000 名以上。

而在整个战争年代，学院共向部队输送了 1.1 万名训练有素的指挥员和参谋人员。其中有很多人成了苏联英雄，荣获政府崇高奖赏。不少毕业生和教员在对德国法西斯侵略者的战斗中献出了自己的生命，如大将 И.Р. 阿帕纳先科和 Н.Ф. 瓦图京，上将 М.П. 基尔波诺斯，中将 М.Г. 叶夫列莫夫，工程兵中将 Д.М. 卡尔贝舍夫等。

2. 调整教学内容

战争初期，前线首长对学院毕业生的评鉴为：许多合成军队指挥员，其中也有学院毕业生不熟悉新的作战技术装备，有时在战斗中不能合理使用。他们在组织各兵种部（分）队协同动作完成战斗任务时经常出现失误。

针对这种情况，学院根据战争的进展，及时调整教学内容，增加了防御课的学习时数，对熟练利用地形和现场工程设施技能给予了充分注意。

1942 年 2 月，学院对学员训练大纲做了重要修改：主要时间用于掌握火炮、坦克和障碍物的性能，学习在实施进攻和防御战斗时如何组织炮兵和坦克同步兵的协同动作。如规

伏龙芝军事学院教学

定“突破坚固筑垒防御地带，尔后发展突破和转入追击”“步兵团的防御”“合围中的战斗和突破合围”等题目为合同战术训练大纲的重要研究课题。

1943 年初，红军取得了斯大林格勒战役的胜利，苏德战场发生了根本性的转变。同年 12 月，学院迎来了建院 25 周年的喜庆日子。为了表彰学院在培养红军军事人才方面所取得的优异成绩，苏联最高苏维埃主席团发布命令，授予学院

1935年苏联最早的5位元帅合影

214 名将军、军官和职工苏联勋章及奖章。

后人评价，卫国战争是时值青年阶段的伏龙芝军事学院发展史上受挫最严重、磨砺较深刻的时期，也是奠定其世界四大军事名校历史地位的时期。

整个战争期间，学院毕业生担负军队各级（战术、战役、战略）领导职务，并出色地完成了任务。

据统计，有 24 名毕业生担任方面军司令员，83 名毕业生担任集团军司令员。仅 1943 ~ 1944 年间，派往作战部队的学院毕业生，有几十人被任命为师长、旅长及其副职或师、旅参谋长，一千多人被任命为团长及其副职或团参谋长，其余的人被任命为军司令部各处处长，师、旅司令部作战科长以及其他参谋职务。

其中，一些学院毕业生成长为苏联元帅和军兵种主帅。如最高统帅部大本营成员 А.И. 安东诺夫、С.М. 布琼尼、Г.К. 朱可夫、С.К. 铁木辛哥等是最高军事领导机关——最高统帅部大本营里的学院毕业生的代表。

1945 年 2 月 21 日，就在卫国战争即将取得最后胜利的时候，苏共中央和苏联政府又授予学院一级苏沃洛夫勋章，学院改称为“荣获列宁勋章和一级苏沃洛夫勋章的伏龙芝红旗军事学院”。

五、冷战中求发展

第二次世界大战结束后，学院不断适应飞速发展的科技进步和不断变化的国际形势，及时调整了军官训练内容和实施的方式、方法。

学院的训练大纲增加了诸如部队新的战斗能力、核武器使用原则以及人员和技术兵器对核武器的防护等一些广泛的课题。训练大纲同时规定在教学实施中要有很大比重的野外作业，教员要向学员深入讲解核条件下战斗、战役的基础理论知识，使学员具备在各种战斗行动中指挥部队和兵团的实际能力。

针对战后军事技术与军事理论发展的特点，根据部队防空现状，学院组成专门小组，彻底改写了部队防空基础训练大纲，更新了教材。学院重视无线电电子技术的发展与应用，大力培养学员依靠科技实施更可靠、更有效和隐蔽而不间断的指挥能力。

1954 年，学院成立了装甲坦克和汽车拖拉机教研室，增加了研究装甲坦克和汽车拖拉机技术装备的时间，要求学员

野外作业

Мирных дней начало. С самолета — за парту... А.И. Покрышкин — слушатель Военной академии им. М.В. Фрунзе

学员在认真学习

学习维修和保养这类装备以及驾驶战斗车辆、辅助车辆和坦克射击等方面的系统的、牢固的知识。

除此之外，为提高教员的专业水平和执教能力，学院广泛采用了一些有效的指挥员训练模式，如组织教学法集训，开设了核物理和导弹核武器讲座，实施了集体练习、首长司令部图上演习和野外演习等。

战后的几十年间，学院把培训社会主义各国军队的军官看作是自己的国际义务。为了训练社会主义各国的学员掌握组织和实施现代战斗的技能，学院教员在教学中尽量照顾这些学员的特点，如他们的一般训练水平、本国国防任务的性质等。由于学院为许多社会主义国家代培了大批军官和专门人才，因此受到这些国家政府和军队的高度赞扬，并被授予各种奖章、勋章和荣誉称号。

毕业学员合影

六、步入新时期

苏联解体之后的1992年，学院被改名为俄罗斯伏龙芝军事学院。由于苏联解体给武装力量发展带来的破坏，俄罗斯军校和部队都在进行改革。

1998年11月1日，该院与马利诺夫装甲兵学院和沙波什尼科夫第一高级军官进修学校合并为俄罗斯联邦武装力量合

伏龙芝军事学院主楼大门

成军队学院。新成立的学院一方面修补苏联解体给军事教育体系带来的破坏，另一方面旨在打造一所培养更加强调联合作战军事人才的学校。

2006 年，根据俄罗斯联邦政府第 473 号命令，俄罗斯联邦武装力量诸兵种合成学院兼并了军事工程学院（2006 年 10 月 1 日起，该学院被分解，部分并入俄罗斯联邦武装力量诸兵种合成学院。）

2008 年 12 月 24 日，根据俄罗斯联邦政府第 1951 号命令，在诸兵种合成学院的基础上，合并苏联元帅罗格斯索夫斯基远东高等军事指挥学校、喀山高等军事指挥学校、莫斯科高等军事指挥学校等十余所，建立“陆军军事教学科研中心”，也称为俄罗斯联邦武装力量诸兵种合成学院。

新组建的俄罗斯联邦武装力量诸兵种合成学院里的陆军军事教学科研中心，承担军官指挥员与军事工程师的高等职业教育的训练和进修、科技干部的高等技能培训，以及指挥军官和工程技术军官（含军校教员）的职业培训和专业技能提升培训；进行基础和应用科学研究，旨在解决加强国防能力建设方面的问题和改善军人的职业教育；满足学员在智力、文化、道德上的发展需求。

从 2009 年就开始，俄军在俄罗斯联邦武装力量诸兵种合成学院陆军军事教学科研中心的分部——梁赞空降兵学校基地专门组建的军士训练中心训练职业军士。军士在该中心按陆军、空降兵、通信兵和汽车兵兵种类别进行专业训练。训练期限按中等职业教育大纲要求，为 2 年 10 个月。除了梁赞中心以外，俄罗斯联邦武装力量诸兵种合成学院军事教学科研中心的其他分部也计划招收军士，这包括莫斯科和远东高

学员在学习

等军事指挥学校，以及鄂木斯克坦克工程学院。

与苏联解体前相同的是，学院仍然保留对外国军官的培训任务。在学院组织结构中，有一个系叫“特别系”，这个系专门培训外国军官和学员。中国从 20 世纪 90 年代开始向该学院选派军事留学生。

而今，伏龙芝军事学院——俄罗斯联邦武装力量诸兵种合成学院已经是一个庞大的军事教学科研机构，主要担负合同战斗和集团军战役研究任务，其培训对象从军士到军官，从本国军人到外国军人，成为俄军唯一一所中级指挥院校。

与世界四大军校中的其他三所相比，伏龙芝军事学院成立时间不算太久，但其特殊的组建背景、光辉的战斗历史赢得了世人的肯定。尤其在发展的历史积淀中，伏龙芝军事学院逐步融入了苏联共产党的执政理念和俄罗斯民族的特点，形成与众不同的文化内涵和独特的教育机制。

一、姓“军”的录取方式

作为世界上第一所无产阶级军事学院，伏龙芝军事学院以其独特的地位和魅力吸引着无数苏军军官。特别是第二次世界大战之后，苏军许多军官都迫切希望进入高等军事院校学习，用军事理论知识充实自己的实战能力。

面对众多的军官，伏龙芝军事学院要求新招的学员必须具有文武兼备的素质，并通过领导推荐、逐个审查、择优挑选的方式录取。

苏联武装力量部部长要求报考伏龙芝军事学院的学员必

须具备以下条件：毕业于诸兵种合成军队高级指挥学校，担任过 2 年以上营级指挥官职务，具有分队指挥的实践经验，具有良好的战斗素养，年龄在 38 岁以下，军衔为大尉或少校。

在这种要求下，各军区首先择优选送符合条件的军官。一般方法是，军区通过对这些军官进行数学和物理的预备考试，将成绩优异者选送到伏龙芝学院参加复考。

被选送来的军官要参加伏龙芝军事学院组织的统考，具体科目为俄语、数学、物理、文学、战术、技术装备等。通过统考后，在入学前还要通过合同战术（笔试和口试）、技术兵器、各兵种和专业兵使用、军事地形学、俄语和文学、苏联史、地理和外语等科目的入学会考。当预选、统考和入学会考全部通过后，伏龙芝军事学院就正式录取了。

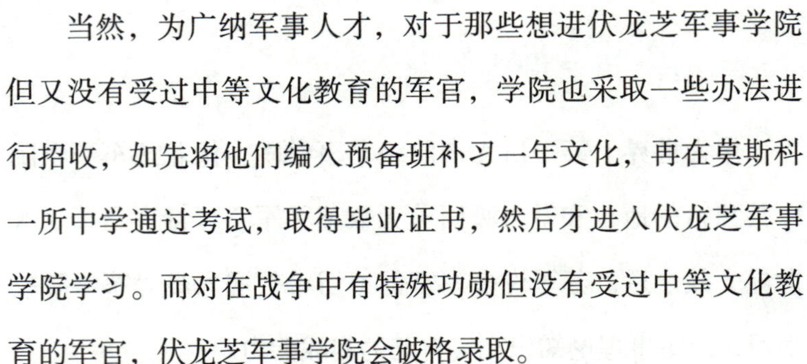

当然，为广纳军事人才，对于那些想进伏龙芝军事学院但又没有受过中等文化教育的军官，学院也采取一些办法进行招收，如先将他们编入预备班补习一年文化，再在莫斯科一所中学通过考试，取得毕业证书，然后才进入伏龙芝军事学院学习。而对在战争中有特殊功勋但没有受过中等文化教育的军官，伏龙芝军事学院会破格录取。

据统计，第二次世界大战后不久，即在 1945 ~ 1946 年间，伏龙芝军事学院 90% 的学员都具有校官军衔。大部分学员都担任过团长和团参谋长、营长以及师、军、集团军、方面军参谋，这就是说，他们都是在军队中担任过较高职务的军官。几乎所有学员都是伟大卫国战争的参加者，并受过苏联共产党和苏联政府的嘉奖。1946 ~ 1953 年间，约有 280 多名苏联英雄先后在伏龙芝军事学院学习。

这些身经百战的学员，经过学院的军事理论学习，不仅为苏军的建设起到了举足轻重的作用，同时也有效促进了学院军事教育的长足发展。

伏龙芝军事学院教室

二、“战争经验是教学的基础”

伏龙芝军事学院的学员曾说过 ：“我们的学校是伴随苏联的成长而成长的，学校的童年生活就是苏联的内战史。”的确，学院历经战火的洗礼，培养和吸纳了很多战争经验丰富的军官和教员，逐步形成了“战争经验是教学的基础”的教学宗旨。在教学中，学校大力总结和推广战争经验，并根据战争进展和国情的变化，及时调整教学重点，使之成为“红军战斗经验的贮存库”。

曾任院长的伏龙芝就说 ：“在解决问题时要下大气力研究

老经验，没有旧军事专家的帮助，我们不仅不能出院士，而且将一事无成。我们必须同遗留下来的旧军队总参谋部人员携手并进，广泛利用他们的知识，努力在我们红色熔炉里锻炼那些愿为加强苏联实力而忠诚、勤恳、一心一意地工作的人。”

为总结和推广战争经验，伏龙芝军事学院采取了多种做法。

1. 选派教员到战区收集素材

1942 年初，伏龙芝军事学院开始直接派教员到作战地区研究战斗经验。当然，前线学员的来信也是作为汇集战斗经验的重要途径。他们在前线搜集实际材料，对其进行总结研究，再以学术报告和通讯的方式推广。

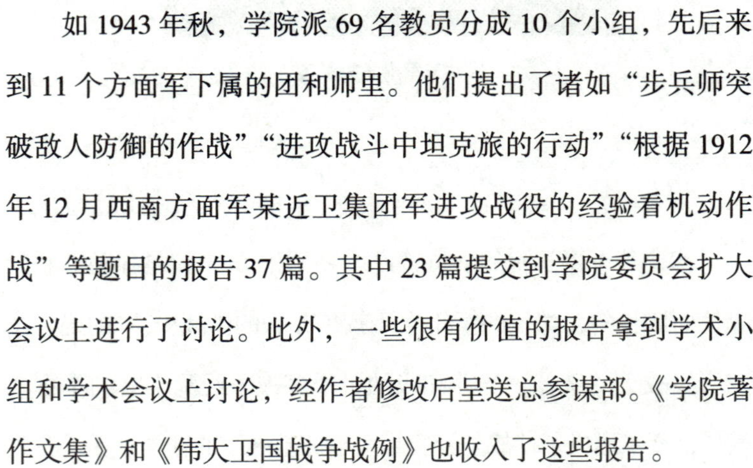

如 1943 年秋，学院派 69 名教员分成 10 个小组，先后来到 11 个方面军下属的团和师里。他们提出了诸如“步兵师突破敌人防御的作战”“进攻战斗中坦克旅的行动”“根据 1912 年 12 月西南方面军某近卫集团军进攻战役的经验看机动作战”等题目的报告 37 篇。其中 23 篇提交到学院委员会扩大会议上进行了讨论。此外，一些很有价值的报告拿到学术小组和学术会议上讨论，经作者修改后呈送总参谋部。《学院著作文集》和《伟大卫国战争战例》也收入了这些报告。

同时，学院广泛吸收参加过战斗的学员参加科研工作，成立了以教员为首的学员小组，专门梳理、总结这些收集来的经验资料，为《学院著作文集》撰写具有典型意义的战例。另外，还规定了每一个进入学院学习的学员必须写一两篇自己战斗实践的片断。之后，这些片断被广泛地应用于教学过程中。

2. 将战斗经验融入教学内容

学院将汇总的战斗经验及时运用于教学中，如在合同战术的 211 个学时中，70%的时间用于学习团的作战，20%的时间用于学习营的作战，10%的时间用于熟悉师的战斗行动。

同时，学院将合同战术训练大纲的研究课题更变为“突破坚固筑垒防御地带，尔后发展突破和转入追击”“步兵团的防御”“合围中的战斗和突破合围”。对组织步兵同坦克、炮兵和航空兵的协同动作，在进攻和防御战斗中实施兵力和兵器的机动等问题给予了重点的论述，并强调掌握指挥技术器材，首先是电台。

学院规定军事历史课程为 30 个学时，主要研究战争初期具有借鉴意义的典型战例，并且主要精力放在对作战行动的具体分析方面。

3. 召开学术会议进行研讨宣传

为有效地促进总结战斗实践中的新经验教训，并使之在学员和教员之间迅速传播，学院会定期召开关于战例研讨的学术会议。

会议上，大家互相交换意见，激烈讨论经典的战役、战术问题，其中包括战斗实施的样式和方法，各兵种的战斗使用以及在战斗情况下部、分队的党政工作方法等问题。可以说，在这里战斗参加者与其他人一起分享着战斗经验。

当然，研讨后的学术成果会在定期刊物上发表推广。如Б.布金上校的“当代防御”、Н.А.韦利夫金·拉哈利斯基中将的“欧洲战争两周年”、Д.奥谢列季科上校的“航空兵对敌坦克的作战”和“航空兵与坦克协同动作的组织”等文章。

除此之外，学院赋予前线学员个人战斗实践以重要意义。如每个学院预选学员都要填写战斗履历表；教研室教员利用个人同战斗参加者座谈的机会，记录他们讲述的事例，仅1942年里就记录了350多个战例，有200个被应用于后来的教学中。

正如《苏军内幕》中描述的，苏军由先前的失利转为胜利，学习经验教训起到了很好作用。

在第二次世界大战开始时，红军不知道如何组织实施防御作战，特别是在保卫大城市上——红军从来没有学过这类技巧，他们掌握的只是如何去进攻，并把战争引向别国的领土。战争是按照德国总参谋部的计划而不是苏联的计划开始的。灾难接踵而至，保卫明斯克的努力只坚持了三天，保卫基辅只坚持了二天，每人对如何去更好地组织防御都束手无策。

基辅是9月底陷落的，到10月古德里安的军队已接近莫斯科。此时，突然出现了令人十分惊异的事情，苏联的防御变得无法突破了，尤其是在莫斯科、图拉和特维尔的防御——在第二次世界大战的进程中，德国的军事机器第一次停顿下来。后来分析，当时认为是寒冷的天气对这种形势的转变起

基辅第二次世界大战博物馆

了很大作用，这种说法并不正确。10月的天气并不寒冷，甚至依然阳光灿烂——这只能说明苏军通过战争学到了防御战的方法，使战争情况发生了根本的转变。

1942年斯大林格勒战役打响，这次战役在历史上成为保卫城市作战的一个典型，防御战的方法被证实是有效的。另一个典型是列宁格勒保卫战，几乎持续了3年，俄国人经历了两个冬天和三个夏天德国的进攻——严寒冰冻的天气在这里也不起什么作用，苏军的防御战再次被验证为正确的策略。

对于苏军来说，没有能力完成一个特定任务和有能力以高超的技巧完成任务这两项之间的界线几乎难以分辨，转变往往发生在一瞬间——通过战争学习、善于总结教训是最重要的经验。不仅在战略、战术和人员训练方面

学员在进行军事学习

如此，在装备计划方面也是如此。

三、盛行“实验”教学法

伏龙芝军事学院非常重视教学方法的运用，他们认为一种好的教学法可以起到事半功倍的作用。围绕这一方面，学院从教学会议的组织实施、教员执教的岗前培训到行之高效的教学方式，都有严谨的配套制度。

在教学组会议上，相关人员会就基本理论和教学法问题统一教员的意见和观点。如果产生分歧，则上报到全体教研室会议上讨论，有时甚至拿到专门会议上，在院长或副院长主持下讨论。

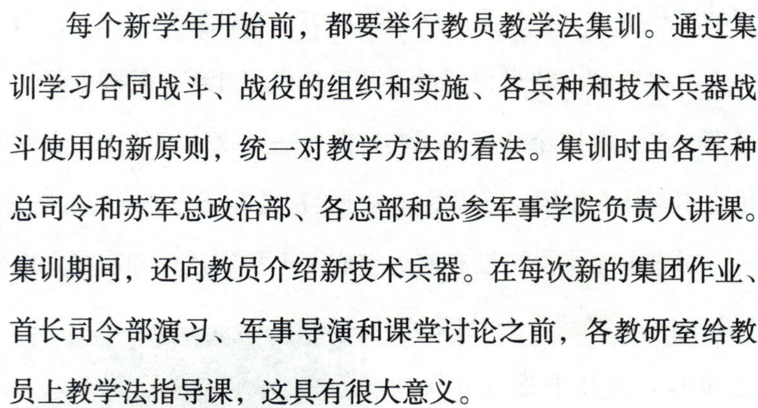

每个新学年开始前，都要举行教员教学法集训。通过集训学习合同战斗、战役的组织和实施、各兵种和技术兵器战斗使用的新原则，统一对教学方法的看法。集训时由各军种总司令和苏军总政治部、各总部和总参军事学院负责人讲课。集训期间，还向教员介绍新技术兵器。在每次新的集团作业、首长司令部演习、军事导演和课堂讨论之前，各教研室给教员上教学法指导课，这具有很大意义。

期间，为了培训教员，学院经常利用同各总部和各军区的密切联系，邀请著名的统帅和军事首长就新的军事理论问题给教员做报告和讲课。有时也会让教员在部队担任实习指挥员和司令部参谋长，以锻炼教员的军事素质和提升其教学水平。

经过长期的研究和摸索，学院形成了一种高效的教学方法——实验讲授法，这种方法早在伏龙芝时代被运用，而后被进一步完善和推广。

所谓实验讲授法，其实际做法是：学员受领一个月的功课内容，其中规定出每一科目需学课目以及每一课目的时数，明确需在课堂上与教员共同研究和自己独立钻研的问题，确定研究这些问题的方法及完成期限。学员每一个月都要呈交详细笔记，报告自己掌握学习材料的情况。学员独自准备功课的作用加大了。比如，一年级学员每周学习量是在教员领导下研究学习题目 36 小时，独自学习 36 小时，二年级学员分别为 30 小时和 42 小时。

这种方式让学员有了进一步深刻钻研学习材料和掌握军事科学的机会，而且还通过课堂讨论、学术会议和实践作业，对学员独立学习实施监督，有效促进了学员的积极思维，并在掌握军事学术问题上采取创造性的态度。

图哈切夫斯基在伏龙芝军事学院讲课

当然，在运用实验讲授法的过程中，学院配以贴近实战的教学保障设施。譬如讲弹药的教室里，不仅有各种炮弹的实物，还有厚度不一的钢板，都被炮弹打过，每种炮弹的毁甲、穿甲能力一目了然，让学员身临其境，利于消化吸收知识。

四、多样缜密的考核体系

有人评价伏龙芝军事学院的毕业生："他们都是被'烤'出来的。"尽管这是一句玩笑话，但同时也证实一点，就是学院对学员的考核无处不在，这些考核不仅组织缜密规范，而且方式方法也多种多样。

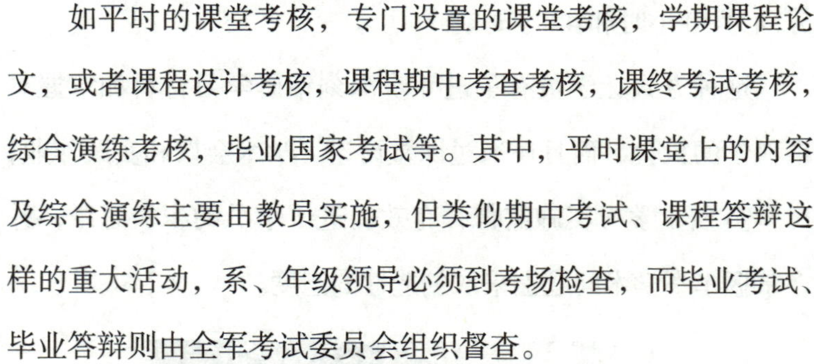

如平时的课堂考核，专门设置的课堂考核，学期课程论文，或者课程设计考核，课程期中考查考核，课终考试考核，综合演练考核，毕业国家考试等。其中，平时课堂上的内容及综合演练主要由教员实施，但类似期中考试、课程答辩这样的重大活动，系、年级领导必须到考场检查，而毕业考试、毕业答辩则由全军考试委员会组织督查。

无论是哪种形式的考核，学院都规定学员的成绩必须严格记录在专门为每位学员设计的教学情况考核登记本上。这些学员考核登记本，每人每个学期一本，平时由学员班长统一保管，每次教学带入现场，待教学结束后，由主讲教员签字，并给每个学员打分。周末时登记本上交年级长检查和签字。

同时，学院还专门为学员考试设计了一个制式的考试成绩登记册，全期每人一本，上面贴有学员个人的照片，有院长和系主管教学副主任的签字。考试前，由系主任批准学员领取，考试结束后，主考教员除认真填写学员成绩外，还必须亲自签名。

除此之外，学院的教务机关还要保留一份考试成绩单，上面有主考教员、系主任的签名，以便保证各级各职及时了解和掌握学员的学习情况。

学校将依据学员的学习情况登记本、考试成绩登记本、考核成绩单等，对学员的综合表现做出评定。

1. 课堂表现和讨论课考核

课堂表现考核主要是教员根据学员在课堂上的表现进行随堂打分，包括学员在课堂上回答教员的提问情况，目的用于体现学员对该堂课的理解和掌握程度。如果学员某门课程平时成绩经常得 3 ~ 4 分，那么，该门课最终成绩很难得到 5 分。这种考核包括伏龙芝军事学院所有开设的课程，无论基础课还是专业课，战术课还是实验课，也无论是在室内还是室外。

课堂讨论课考核主要是检验学员对专项讨论课知识的掌握和表现，目的是提高学员语言表达能力和思维反应能力。

2. 课程论文（设计）和综合演练考核

课程论文（设计）是学院根据学员课程的进度情况，将一些主干专业基础课、专业战术课及指挥课程融合在一起，设置综合性较强的考试题目。这通常是在教学内容结束之前进行，目的是全面深化和提高学员的专业知识和技战术水平。

其考核由教研室统一组织教员评阅学员的论文（设计），并组织学员进行相关答辩。课程论文（设计）的成绩不仅记录在学习记录本上，而且还必须登记在学员的毕业证书上。目的是考查学员的专业军事知识、军事技战术综合运用、创新能力及对军事行动过程的部署水平。

综合演练考核，是在综合演练期间，教员根据学员每天的演练情况逐人打分，并且天天张榜公布。待演练结束后，再根据学员的演练作业及表现情况给出演习总评成绩，一般不登记存档。目的在于锻炼学员的野战和实战能力。

3. 期中和课终考查

每逢教学中期和结束时，学院都设置专门的考核，检验学员对知识的掌握情况。而且，考核成绩是与平时的表现挂钩的。

期中考试一般以抽签的方式进行，强调学员的即席回答，具有明显的指挥特色，成绩为 5 分制。教员在考试前两个星期，会向学员下发复习题，题量通常是 30 道左右，范围涉及所学课程的全部内容。考试时，学员以口试的形式抽签回答其中的 3 ～ 5 道题。

当然，没有完成主干课程学期论文（设计）的或者没有通过答辩的学员，是不能参加期末考试的。如果课程论文（设计）仅仅得了 3 分，期末考试成绩最多得 4 分。战役战术课的期中考试成绩，通常还与学员期末的快速标图和快速拟制首长决心等内容挂钩。假如学员期中的快速标图和快速拟制首长决心仅得 3 分，那么期末考试成绩最多只能得 4 分。

课终考试的形式与期中考试相同，只是在毕业前组织实施，复习题量一般为 50 道左右。考试时，学员以口试的形式抽签回答其中的 5 道题，成绩为 5 分制，并严格记录在学员的学习登记本和毕业证书上。

待学员通过以上的所有考核后，将参加毕业前的综合素质考试。这由全军统一组织实施，考核的范围和内容都很广泛，而且难度也很大，只有通过综合素质考试后的学员才能从伏

学员在认真复习备考

龙芝军事学院正式毕业。

学员在校的考核成绩，经学院教务部门的统计汇总后全部登记在各自的毕业证上。如果学员考试课程 75% 的成绩为优秀，而且毕业国家考试也为优秀，学员毕业时可获得优秀学员称号，且毕业证的封面为棕红色。如果学员所有的课程

考试成绩 100% 为优秀，而且毕业国家考试也为优秀，学员毕业时可获得金牌全优学员称号，毕业典礼上由军队高级首长颁发金牌全优学员奖章一枚，还可受到最高领导人（总统）的接见，且优先得到提拔重用。

五、毕业分配激动人心

考入伏龙芝军事学院的学员，本身都是现役的军官，尽管他们分别来自不同的兵种部队，但是经过学院学习培训后，毕业时再次面向全军进行统一分配。

学员毕业时被晋衔一级，晋职一至两级，到部队担任不低于团参谋长的职务，个别学习优秀者可能任团长。可以说，伏龙芝军事学院的毕业分配是学员们在校期间最为激动、最为兴奋、最为心跳的时刻，因为他们未来的军事生涯由此起步。

毕业分配的参考要素主要为学员的平日到课率、课堂表现、测验成绩、每学期期末考试成绩和毕业前国家考试成绩等。学院按毕业学员的总评成绩分档，按档择优晋升。学院给学习成绩良好或优秀、在国家考试中获优秀成绩的军官和将军颁发优等毕业证书和金质奖章，而且将这些学员的姓名镌刻在学院大理石纪念碑上。

后来，随着社会和军队建设的发展，学院提高对毕业生的要求，优等毕业证书和金质奖章只发给在整个学习期间学习全优、国家考试优秀并严格遵守军人纪律的军官。

从伏龙芝军事学院毕业的学员，在地位上得到社会和军界的充分肯定，而且他们在任职上比没有受过学院教育的军官享有明显的优先权。至于原因，一方面，由于在整个苏军体系里面，伏龙芝军事学院毕业的学员已经占据很多重要岗位，大多数军事首长认可伏龙芝军事学院毕业的学员，他们自然受到赏识和重用；另一个方面，苏军在制度层面上十分认可伏龙芝军事学院的培训，认为经过学院培训的学员都能满足苏军对其军官的要求，这一点从苏联取得的一些辉煌战绩中得到充分的体现，这也使得伏龙芝军事学院毕业学员能取得比较好的发展。

毕业，是学员们在院校学习的阶段性终结，同时也意味着迎来更广阔的军事舞台，几乎所有的学员都非常重视和珍惜渴望已久的毕业典礼。在这里，民族的精英、苏军的精华聚集一堂，戎装待发。

学院举行的毕业典礼不仅仅是规模宏大的盛典，更是学

伏龙芝毕业学员在开怀畅饮

员们踏向新征程的出发典礼。毕业典礼上，一般都会有苏军（俄军）高级首长参加，并为全优学员颁发毕业证书。学员们除了穿礼服参加外，一般还会邀请自己的家人一起参加，完全沉浸在欢快、庆功、憧憬的收获时刻里。

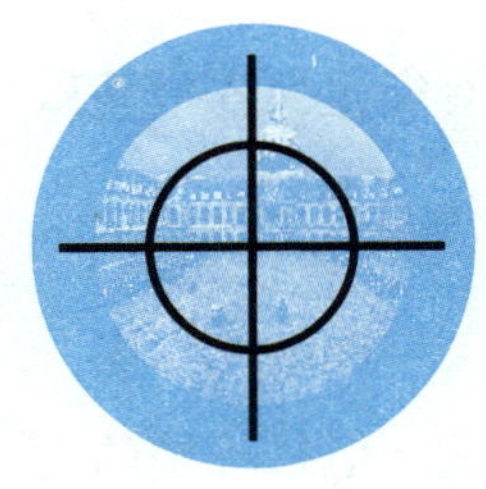

一、保密就是战斗

走进伏龙芝军事学院，你会看到学院尽管是位于莫斯科市中心，可没有占地面积很大的院子，仅仅是几栋楼房而已，也没有围墙。办公大楼、学员公寓楼和教学楼等都被大小马路、街道隔开，走出楼门就是车来人往的公路和人行道。

但是，就是这样一所场所开放的校园，让你深深感受到

伏龙芝军事学院院景

有一种强烈的自我防范保护氛围，处处设有安全保密措施以防泄密。

1. 铁将军——门卫

整个学院没有高高的围墙和气派的大院，但每栋楼的大门都有士兵或工作人员值班把守。与其他军校一样，伏龙芝军事学院的门卫履行着严查每一位人员进出营门的义务。但与众不同的是，这里的门卫执行职责十分严格，因为一旦失职将会受到学院的严重处分，正因如此，曾有不少因忘带证件的人被拒之门外，这些年轻的门卫士兵被大家誉为铁面铮铮的“铁将军”。

学院会发给每名学员一个出入证。这个出入证，每年都要经院方重新确认、盖章。学员出入教学楼、宿舍楼均要出示证件，教员、职工以至将军都是如此。值岗的门卫会仔细查看每一位过往人员的有效证件，他们铁面无私，只认证而不认人。由此联想到当年列宁被士兵门卫拦阻的事，就不足为奇了。

2. 保密图书馆

学院的图书馆分为普通图书馆和保密图书馆两大类。普通图书馆存放一般的资料、书籍。凡是带密的教学书籍，如各种条令和保密教材均由保密图书馆保管。这类书从封面、书脊到封底有一条非常醒目的斜向的宽红色标记。

对借阅保密书籍的规定是：一要本人亲自去；二要抵押学院出入证；三要拿着保密作业包，书借到后必须放入包中携带。同时学院还要求，上午借的书籍午餐前还，下午借的书籍离校前还。所有条令、课本、辅导材料和地图都不得带出教学楼。如有学员损坏、丢失或窃取保密书籍和资料，视情节轻重给予不同等级的处分或做退学处理。

与学院的资料室以及有技术装备和贵重器材的教室、实验室一样，保密图书馆由专人负责管理，“三铁一器”齐备。配有所有教学、办公用房的门上一样的保密封口——一扇门上装有盛着橡皮泥的圆形凹模，另一扇门上有一根活动的铁丝，责任人持有专用印章。锁好门后，把铁丝转过来嵌入橡皮泥中，再拿印章按上印，以履行密封手续。

3. 保密作业包

学院给每名学员配有编了号的保密作业包和非保密作业包，分别用于放置保密和非保密的书籍、笔记本和作业用图。课堂上，教员要求学员使用保密本做笔记，对使用复印材料很反感。

保密作业包上有个保密封口，每个学员都发有一枚铜质印章，直径约 2 厘米、厚 0.5 厘米，上面刻着个人编号，是用来密封的。

作业包平时保管在资料室，借出时抵押每个包配的号牌，离校时还包取牌。如果院方保密人员突击检查，必须有两人在场。每学期放假前，学员只有退还了所有借阅材料之后，才能领到学院准许休假外出的证明。

伏龙芝的这种保密制度已经成为学院的一种内在文化，而且在苏联解体后传承下来。有中国军人在伏龙芝军事学院留学后写道：“俄军保密制度严格是出了名的。在学习空降兵战术的时候，我发现俄方学员上课的教材和给外籍学员的教材不一样。发给我们的空降兵师团战术教材是老版本，而俄方学员使用的是增补了内容的新版本。”

其实，伏龙芝军事学院的严格保密制度在苏军中并不是特例，而是一种深入军魂的品质。有人说，美国人张扬，对于自己的优势喜欢显露出来，俄国人虽然并不内敛，但在军事上则非关键时不露底。这一点从《苏军内幕》中有关保密的描述可以窥见：

1967 年初，近卫坦克第 41 师分配到 T–64 型坦克，当然，该师的士兵一点也不知道这件事。他们参加这个师，光荣地服役 2 年，然后回家；别的士兵又来了，学习了关于坦克的一些知识，也没有听到有关 T–64 型坦克的事，没有见过一辆这种坦克就回家了。1972 年，该师改装新型坦克，T–64 型坦克被送往东德，当然，士兵们还是一点不知道这些事，不管该师接收了新坦克或是送走了旧坦克，什么都不知道。士兵们在该师服役，在那里接受作战训练，但是对该师的坦克型号一无所知。

在苏军中，很多事情都是保密的。第二次世界大战开始时，不仅德国的将领们对 T–34 型坦克一无所知，就连苏联的将领们也是和德国人一样不了解。T–34 型坦克是大规模生产的，但却是保密的，甚至坦克部队也不知道有这种坦克，新坦克从工厂验收完毕，只运到离边境很远的内地某些师去，它们由一个工厂小组（共有 30 个司机，却为全苏联服务）以车队形式运输转场，并由内务部官员押送，这些官员不准和司机讲话。车队只在夜间行驶，坦克则总是用防雨布全部遮蔽起来，在它们所经过的路线上一律禁止其他车辆通行，沿途还有重兵护卫，坦克到达目的地，工厂小组立即将它们卸下，然后再开到四周有高墙的停车场上并就地存入仓库。

部队的坦克乘员组很快开始接受有关新坦克的各种特点的训练，但是不告诉他们新坦克的型号，也不让他们看到坦克。只是把新的瞄准具介绍给炮手，并教会他们如何使用新瞄准具从旧坦克中射击。坦克驾驶员则被告知在不久的将来就有新坦克了，驾驶这种坦克将大不相同，然后让他们在旧坦克里进行紧张的模拟训练。对车长则告诉他们一些有关的知识，并向他们示范如何维修新发动机，但还是不告诉他们新发动机。总而言之，这个师用了旧坦克进行简单的转换训练。

可怕的战争来到了，有着良好的尽管不是秘密装备的第一梯队各师在初战中被打得七零八落……就在这时，后方的各个师接到命令进入坦克停车场，把新型坦克从仓库里开出来，并让士兵熟悉它们——这花费 2 周时间，再经过 2 周他们开往前线，并驾驶这种完全不为人知的坦克去打古德里安的装甲部队。很快，他们对这种新型坦克操纵自如，因为一个汽车司机能够熟练地驾驶一辆“大众”牌汽车，那他也可以在不长时间内熟练地驾驶一辆“梅塞德斯—奔驰”牌汽车——这就是苏军在过去以及今后一直的做法，他们用“大众”牌汽车练习开车，而把“梅塞德斯—奔驰”牌汽车秘密地藏起来，直到真正需要的时候才拿出来。

让德国人惊讶的并不只是T–34型坦克，不久，德军第一次遭遇“斯大林的管风琴”——喀秋莎火箭炮，同样大吃一惊。平时，装备这些武器的部队化装成舟桥营，穿上工兵部队的制服。部队中大部分士兵没有意识到自己原来是炮兵，他们的转换训练只在战争爆发后才开始进行，炮兵连连长都不知道其火箭炮的正确型号。而其余的军官、军士和士兵甚至不知道他们在战斗中使用的这种武器叫什么。

火箭炮上标有字母“K”（表示沃罗涅日共产国际工厂），当然，包括连长在内没有一个人知道这代表什么意思，结果各地前线的士兵们几乎异口同声地把这种出色的武器称为“卡特琳娜”“卡佳”或“喀秋莎”——它也以最后这个名字载入史册。BM13火箭炮的正确名称在1942年中期以后还只是用在秘密文件上，直到战争结束才在公开文件中出现。

二、条令就是命令

不管是以前的苏军还是现在的俄罗斯军队，他们的“条令意识”都很强，不论是战术课还是兵种课，其基本教材都

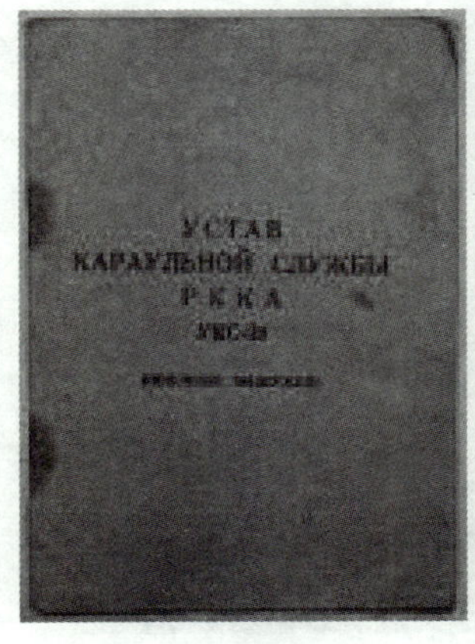

工农红军炮兵野战条令

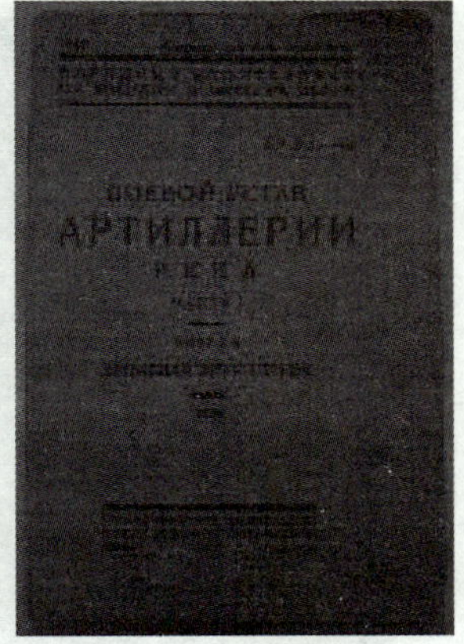

工农红军警卫条令

是国防部批准颁发的各种条令条例，可以说是一本条令统管三军。连伏龙芝军事学院的教员都说：“只要把条令条例背熟了、弄清楚了，毕业后你就会组织部队的训练，战场上你就能指挥部队打仗。”

学院在教学训练管理中严格执行各项条令制度，同时也十分重视条令的制定，他们通过积极参与研究制定来维护条令的权威性，并促进学院的军事理论研究发展。一些较好的条令也被中国借鉴和学习。如在 20 世纪 30 年代初，周恩来组织从苏联学成归国的刘伯承等人，系统翻译了《苏军步兵战斗条令》和《苏军政治工作条令》等书籍，作为苏区红军学校的基本教材。

作为苏联的军事理论中心，学院研究出很多指导性的成果，尤其为苏军的条令条例制定作出了突出贡献。

如学院阐述的关于战术方面的思想原则被作为制定红军

工农红军野战条令

条令、条例的基础。1929 年颁发的《工农红军野战条令》，第一次反映出纵深战斗理论的基本精神；1936 年颁发的《工农红军野战条令（试行本）》，在实施中向世界确立，并在实践中检验了学院研究的“纵深战斗和纵深战役理论”，可以说这也是苏联军事学术发展史上的重要里程碑。

由于条令落实的高效性，伏龙芝军事学院的教员经常被总参和中央各部、局吸收参与制定红军条令、教令和守则。如《野战条令草案（1943 年）》《纪律条令草案》《部队冬季行动教令》以及各兵种的条令和教令等，都是在学院参与下制定颁发的。其中，在第二次世界大战期间，有相当一部分教员仍被借调去总结战争经验，制定条令和教令。

战后，学院继续积极满足部队对新条令和教令的迫切需要。1947 年初，新条令、教令草案就已问世。学院成立了由 A.H. 博戈柳博夫上将领导的委员会，负责研究和审查新的条

令条款。委员会组织各教研室研究这些条令和教令草案，给学员上课时分析条令的条款。最后，委员会提出有助于修改条令草案的综合意见和建议。学院的这些做法有效捍卫了军队“视条令为命令”的执行力。

МИНИСТЕРСТВО ОБОРОНЫ СОЮЗА ССР

БОЕВОЙ УСТАВ
ПЕХОТЫ
СОВЕТСКОЙ АРМИИ

(ОТДЕЛЕНИЕ, ВЗВОД, РОТА)

ВОЕННОЕ ИЗДАТЕЛЬСТВО
МИНИСТЕРСТВА ОБОРОНЫ СОЮЗА ССР

苏军步兵战斗条令

作为红军著名统帅的伏龙芝，在任学院校长期间，亲自参与苏军一些条令的制定工作，尤其为 1924 ~ 1925 年颁发的《工农红军临时野战条令》做了大量卓越的工作。

《工农红军临时野战条令》是根据苏联内战经验和当时红军改革情况以及红军的阶级革命任务制定的。伏龙芝通过梳理自己在国内战争期间曾指挥过许多重大战役的经验，总结出一些真知灼见的建设建议，为条令的针对性、指导性和操作性方面提出了宝贵的意见。

同时该条令的执行对开展学院的科研工作和更新教学设备等方面也起了决定性作用。

三、教员选自实践

在伏龙芝军事学院学习过的学员有一个强烈的共识，就

是学校“军味”很浓。这在很大程度上与执教教员的资历有关。

学院的师资配备从全军选调。教员知识渊博、经验丰富，许多教员是经过多场战争考验或多年从事科研、教学工作的领导。

如第二次世界大战时期，伏龙芝军事学院的教员就有很多来自部队和前线。当时，很多教员被调到一线作战部队任职参战，在校教员严重不足，学院采取方法，一方面选调参战负伤伤愈的校官来任教，另一方面征调某些战争初期被派到前线去的教员回院任教。这样不仅保证了教学的顺利进行，也浓厚了学校的火药味。

伏龙芝军事学院突出解决师（团）长、参谋长“怎么当”的实际问题。如集团军参谋长 П.Д.科尔科季诺夫少将被任命为合同战术教研室主任。科尔科季诺夫既是著名的军事理论家和实践家，几次参加战争，同时又是学院 1921 年的毕业生，他担起了把战争经验贯穿到教学和科研工作中去的重任。原西北方面军通信兵主任 П.М.库罗奇金上校任通信教研室主任。在他的领导下对教研室工作进行了改革，使其进一步符合当时战斗的要求。合同战术、炮兵、装甲坦克兵、航空兵和通信兵教研室也补充了从前线来的教员。

至 1942 年底，军事教员中 34%的人参加过战争，此外，还有 50 多名教员在作战部队见习过。可以说，近一半教员具备不同程度的战斗经验，有力促进了教学和科研工作的进一步完善和提高。

战后，根据苏联武装力量部部长的命令，给予学院领导人员和教授教员丰厚的待遇。如院长与军区司令员职务相同；副院长与军区参谋长职务相同；系主任和教研室主任分别与集团军司令和师长职务相同；主任教员与师长或师参谋长职务相同；教员与团长职务相同。同时，调任学院的教授、教员和职员也进行相应职务的提升。

在以后的时期里，学院继承和沿袭这一传统做法，教员一般是在基层部队任过师团一级的主官，都有着丰富的实践经验。学院常常会有很多曾经战场上的军长在这里教授战役学，许多曾经的师长教授战术学。这些教官在上课之前，一般先介绍自己任过什么职，讲战役的人员必须当过军长、师长，讲战术的人员必须当过团长，课堂内容与现实贴得很紧。

身经百战的军官一批批充实到教员队伍中，他们的资历本身就是一部战争经验史，凭此一点就可以源源不断地吸引众多军事军官来校学习。

而今，伏龙芝军事学院的教员资历在俄罗斯国内军事院校中仍首屈一指。目前在学院工作的有 7 名功勋科学家、9 名科学院院士、54 名教授、187 名副教授，430 名博士和副博士。

四、不退休的老兵

中国有句谚语是“姜是老的辣”，苏联也有一句谚语叫“老兵，精明的战士。”可以说，他们视老兵为财富！

在伏龙芝军事学院的校园里，你经常能看到许多白发苍苍的老者在校园里漫步、在教室里教学。他们戎马一生，或是部队的英雄，或是苏军（俄军）的军事首长，也或是军事理论方面的专家。他们已渐渐变老，但永不凋零。

这些不朽的老兵，继续为军队的建设和发展发挥作用，在感慨、敬仰的同时，也得益于苏军对经验传承的重视。学院认为，一个可靠的理论，可以历经时间和战争的检验，几十年保持正确和活力，能够长期指导军队作战和建设。如苏军最为著名和重要的,由伏龙芝军事学院参与创建的“大纵深战役理论”，就是在20世纪30年代创立，历经四十年后又得到重要发展，并在苏联的大多数时期内都发挥了重要作用。

所以，学院的一个教员退出现役，并不意味着他真正的退休，很有可能发生的事情是学院将返聘他回教学岗位，继续发挥他的作用，以其精湛的专业知识、丰富的作战（任职）经历，继续为学院教学服务，为苏军（俄军）的建设服务。

正因如此，人们经常可以看到七十多岁的老者，透着岁月的沧桑，迈着结实的步伐，走在校园里，为一茬又一茬苏军（俄军）精英讲授苏军作战的历史与理论精髓。他们是名副其实的老兵，也是不退休的老兵！

五、“三堂会审”考试

临近毕业，总有一些学员紧张地复习所有课程，迎接最后的毕业综合素质考试。该考试为国家统考，由全军统一组织实施，考试程序严格、内容广泛，地位和性质都很高。

考试形式为：学员全部衣着军礼服，佩戴好自己的军功章，好似参加军队重大盛典。然后，由考试委员会负责现场督察，考核小组进行分头组织，考核的学员基本是逐人通过。伏龙芝军事学院的学员们说："这是名副其实的'三堂会审'。"

考试实施计划由学院院长以命令的形式提前2个月下发，内容涉及对学员各方面素质考核的基本要求，以及考试的时间安排和具体组织形式。一般情况下，学院给学员专门的复习时间为2周左右，考试时间为3～4天，分3次进行，每次3～6小时不等。形式有口试、笔试、标图、计算以及答辩。

学院的考试委员会主席通常由一名上将担任；每个考核小组的成员都是学院的著名教授及军事科学院院士，他们负责不同专业方向毕业学员的综合考核和答辩，全程、深入、细致考核学员的专业知识、军事理论等。

考核之后，由考试委员会结合学员考试期间的各方面表现，形成一个对学员任职能力的综合评语，并真实地记载在学员的毕业证书上，依此作为今后对学员任用的依据。

六、军事理论带"血腥味"

一位伏龙芝军事学院的教员说："站得住脚的军事理论必须具有血腥味。"基于此，学院提出"理论来源于战场，而又

学员们在相互探讨问题

实践于战场”的观点，并展开一系列军事学术研究。

期间，学院通过选派教员去战场收集资料、指定人员编撰战斗经验、开展实战经验交流座谈、研讨战术样式等多种形式，研究或参与研究出一些带有“血腥味”的军事理论。如来自于实战和演习论证的“大规模坦克集群战役理论”、给苏军奠定世界地位的“大纵深战役理论”等。

其中，“大纵深战役理论”中许多观点对现代化战争仍具有重要的指导意义。如，大纵深战役划分为三个阶段：突破战术防御阶段、将战术胜利发展为战役胜利阶段和发展战役胜利（战役追击）阶段。其中第一阶段是主要阶段。突破的要点是摈弃线式作战，对敌人实施大纵深打击，包括同时消灭、压制、牵制、合围和全歼敌主要集团。为使大纵深战役从第一阶段向后面各阶段发展，必须向敌

《大纵深战役理论》中文版

防御战役纵深投入快速军队（坦克、摩托化步兵、机械化骑兵），伞降空降兵。为了顺利进攻，突击群的战役布势不管何时都应包括：突破梯队、发展突破梯队、航空兵群和空降兵群。大纵深进攻战役中的可能机动样式有：正面突击、向心突击、联合突击、迂回（一翼或两翼）和合围。取得大纵深战役胜利的其他最重要条件是：夺取制空权；使交战地区与敌人开进中的预备队隔绝；禁止敌人向其被冲击部队供应物质器材。

人们评价，“大纵深战役理论”是由线式战略过渡到大纵深战略时代的先进理论，是它翻开了苏军战役法理论中新的一页，被誉为20世纪30年代苏联军事理论思想的最大成就。苏联军事理论家说：“苏军带着这一理论参加了卫国战争，并且取得了辉煌的胜利。”而且，在20世纪70年代，苏联又发展了大纵深战役理论，并且直接对我军的作战原则产生了影响。

在“大纵深战役理论”的形成过程中，早在1930年初，学院就开始根据大纵深战斗的新原则进行图上和现地战术作业。

1932年，学院战役系开始上大纵深战斗战术课。学院印发了讲义，大纵深战斗理论初步形成。由于这一理论已触及苏军战役法一系列基本问题，该系在1931年秋季开始对大纵深战役理论进行同步研究，并在1932年开设了关于现代大纵深战役新问题的课程，编写了题为“突击集团军大纵深进攻战役”的第一个图上战役想定，分发给其他学院和各军区司令部。在该院印发的《大纵深战役原则》著作中，开始阐述

■1945年柏林，苏联旗手阿卜杜勒哈基姆・伊斯梅洛夫将苏联红旗插上德国国会大厦屋顶。

大纵深战役实施样式和方法的应用理论。

1933 年，学院战役系进行了大规模战役性军事导演，并就大纵深战役若干原则问题产生了争论，主要焦点是摩托机械化集群能否在敌正面前及在敌战役纵深脱离诸兵种合成兵团独立行动。

1936 年，在苏军颁布的新野战条令《暂行野战条令—36》中，充分反映了大纵深战斗和大纵深战役的基本原则，被认为是制定大纵深战斗和大纵深战役理论的最后步骤。

可见，在带有浓重“血腥味”的“大纵深战役理论”的确立过程中，伏龙芝军事学院起到了功不可没的作用。

在近 100 年的历史发展中，伏龙芝军事学院始终坚持“以对抗性教学提高学员的指挥素质、以营造战时科研环境去影响学员的思维”，并开设了许多独具特色的训练课堂，最终形成“伏龙芝学院军事思维”教育模式。

一、最好的课堂——战场

残酷的战争，让伏龙芝军事学院把实训的课堂搬到了硝烟战场。在苏俄内战及第二次世界大战期间，学院都主动或被动地将还未毕业的学员送向战场，让他们在战争中学习战争，有不少学员在这个特殊的课堂上取得了优异的成绩，他们的共同感悟是“军校最好的课堂就是战场”。

其实，这种“战场课堂”早在苏俄国内战争期间就有雏形。当时，苏俄国内战争爆发，红军的指挥员比较缺乏，各部队都急需军官，尤其是经过军校培训的军官。在这种情况下，伏龙芝军事学院不得已，将很多没有达到毕业水平的学员派到作战部队参加激烈的战斗。

期间，学员们将学到的军事知识灵活运用到战场上，并取得了显著的效果，以至战争结束后，部队都不想让他们再回校学习了，而是希望他们留在部队继续工作。最后是苏维埃中央特别发了文件，硬性将他们再次送入学院继续未完成得的学业。经过战火培训的学员们不仅锻炼了丰富的实战能力，而且带着战场上无法解决的难题回到学院，更有针对性地学习。

如果说内战时期，学院是被动地将未毕业学员送到战场的话，那么到了第二次世界大战，特别是苏联“卫国战争”中后期，学院就是主动将未毕业的学员送到战场。因为，在学院制订的教学计划中，将“战场课堂”明确纳入教学序列当中。如学院面临紧缺教员的情况下，一面从一线部队调入军官任教的同时，一面将在校学员派到一线作战部队去参加紧张激烈的“卫国战争”，让其在战场上学习。

1944 年，正值苏联红军夏季进攻时期，伏龙芝军事学院安排一年级学员（三年制）在作战部队中任职学习，他们中有一半以上的人担任步兵团参谋长，近一半的人担任师作战科长和副科长，少数特别优秀的人甚至直接担任步兵师参谋长。

真实的“战场课堂”教学使学员亲历了战火的考验，不仅锤炼了实战的经验，而且丰富了学习的内容，同时也促使学院教学更加瞄准战争、更加紧靠战场。

二、野外实践作业

野外实践作业是学院为加大对学员的战术训练而设置的教学科目。早期受到伏龙芝本人的重视和建设，后来以常态模式固定下来。

实践作业的组织形式和实施方法多种多样。如，1925 年夏季演习中，在斯帕斯科耶村组织强渡莫斯科河时，学员在部队指挥员在场的情况下，完成制订强渡计划，给分队下达任务，以及跟随分队冲向登陆点并注意他们如何完成任务等。作业中，学员们以指挥员的身份行动，“假如自己是指挥员时，该如何行动？”当时的伏龙芝院长特别称赞这种以野外拉练培养学员的方式，他认为：野外拉练时，学员们可以在实地学习，判断地形对战斗行动的影响，锻炼长途行军的能力。

那时，学院的野外作业通常只在夏季进行，因为学员基本没有机会在营地学完整个课程，他们一般在春夏季节就被派往苏俄国内战争的前线。作业地点一般选择在霍登郊区营地，即十月革命郊区，期间也曾到卫国战争重要战役的现场进行过。作业中，先是教员提示指挥员工作要领，然后由学员独立完成战术作业或即题作业。野外集训结束前，学员还需参加战役对抗导演。

之后，随着部队指挥过程日益复杂化，军队中司令部的作用不断增大，学院加大了对学员战术作业课的开设。如在

20世纪30年代中期，学院的军事科目授课时数占总时数的23.3%，其余时间进行大量实践作业。在实践作业中，大部分时间（尤其是学习技术兵器和战术时）是在野外、靶场和车场度过。学员学习使用飞机完成战术任务，乘坐坦克和装甲汽车进行射击以及实施现地消毒。而且为保障野外作业，1932年学院增加了通信营，1934年又增加了一个航空兵大队。

学院在这些野外作业中，突出司令部指挥训练，注重迅速、更主要是准确无误地制定战斗文书的技能训练。如标绘工作图时，绘图时出现的错误，哪怕是微小的错误，都要求学员坚决杜绝。

如今，学院每年都要安排大型野外综合演练，其中，战术级综合演练以中初合练的形式实施，战役级综合演练由中级指挥学员单独组织。可以说，野外实践作业已成为伏龙芝军事学院教学过程的重要环节。在这个阶段，新教员也被安排适度的训练，学员则是每天都要进行。一、二年级学员夏、冬季外出作业。通过野外作业巩固学员在判断情况、定下战斗决心、直接在现地组织协同动作等方面的知识和技能。利用野营训练的时机，学员可以学习新的技术兵器。

三、模拟实战的军事演习

军事演习是伏龙芝军事学院长期保持的一项固定项目，在学院教育和科研中占有非常重要的地位。据说，这种传统是从两次战斗教训中得来的：第三次中东战争中西奈半岛惨败之后，阿拉伯士兵越来越害怕坦克和凝固汽油弹。于是苏军吸取教训，发布命令，让所有的苏联士兵和军官（直到将级军官）都要练习从烈火中跳过，以及躲在战壕中，让坦克隆隆地从他们头上通过，或者就直接躺在呼啸而过的坦克的履带之间的空地上。

1969 年，苏军在乌苏里江上进行战斗时，很多边防部队士兵因没有接受过在零度以下室外睡觉的基本训练而冻死在雪地里。为解决这种难题，苏军开始训练“如何在天寒地冻之下只用一件军大衣在雪地里睡觉”。他们要求每人在寒冷天气里，不添加任何衣服在雪地里睡三个晚上，受训人员包括那些驻扎在南方沙漠里的部队，他们被送到西伯利亚进行艰苦的训练。以后，在雪地里过夜被列入苏军军事训练计划。

士兵在雪地训练

战争失利的教训让伏龙芝军事学院意识到：模拟实战训练能有效应对千变万化的战场。其实，在更早的时候，学院就认识到了这一点。1924 年，伏龙芝院长亲自领导组织了学院第一次军事演习，此后每学年结束时总有一些演习会定期进行，目的是训练学员的战术能力，积累他们在新的十分复杂的战斗情况下指挥军队的经验。同时，这也是检验战术和战役学新的理论原则是否正确，以及更有针对性地研究实战时部队遇到的指挥问题。

学院定期举行的演习有首长司令部战役战术演习和实兵演习等。司令部战役战术演习，通常在现地连续实施几天，使学员有可能亲身体验一下战斗行动的规模，实际地运用所学到的知识，判断不断变化的战斗情况，有根据地定下决心。实兵演习，是使学员置身于近似实战的环境中，训练掌握各兵种战斗使用的内容和方法。

很显然，这种军事演习课对教员的水平要求较高，学院

伏龙芝指导学院演习

经常会派教员参加各军种总司令、军区司令员和集团军司令员实施的军事导演和实兵演习，以促进教学和科研工作新任务的顺利完成。

■1968年8月20日，苏联纠集7000辆坦克、60万士兵长驱直入，一夜之间占领正在进行政治改革、试图脱离苏联控制的捷克斯洛伐克。

四、为“一长制”保驾的政治课

苏军作为共产党领导下的军队，其领导方式主要是“一长制”，而不是军事首长和政委的“双首长制”。当然，苏军实施“一长制”的前提是这个“长”要听党的话，跟着党走。

历史上，苏军在一些非常时期也实行过“双首长制”。比如在卫国战争的一段时期内，为了加强部队的思想政治工作，实行过“双首长制”。有人说，在部队比较稳定，听从党的指挥时，苏军执行“一长制”；当部队思想波动，容易出状况时，苏军实行“双首长制”。

在苏军的体制系统下，作为培养苏军指挥军官的伏龙芝军事学院，不仅对苏军“一长制”的实施作出了重大贡献，而且学院通过开设政治课和开展政治教育，为苏军培养“一长制”军事指挥员方面起到了重要作用。

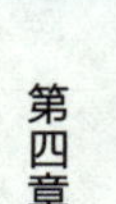

早在建院初期，学院就组织共产党员以及党的同情者学习党的知识。1919 年上半年，学院重新登记党员，并宣布了党员学习党的知识的必要性。在进行政治测验时发现，许多党员不清楚党纲、党章和党的历史，不了解宪法和现行政策。这促使学院党组织特别注重对党员的政治教育。

1919 年 4 月 9 日，俄共（布）总支委员会开会讨论了学员学习俄共(布)八大党纲和党的政策的问题。不久，俄共(布)总支在学院内成立了党校，100 多人在里面学习马克思主义原理。学员和许多教员一起采取多种学习形式和方法，努力掌握马克思列宁主义理论。

在1925～1926学年里，学院的政治教育得到极大的发展，学院提出培养既能指挥部队又能对部队进行政治教育的新型指挥员。时任院长伏龙芝认为，学院培养指挥干部应同共产主义建设实践和部队生活联系在一起。他特别强调军队党政工作的重要性及其意义，科学地论证了必须从阶级立场和党的立场出发来评价交战双方的精神政治因素。他指出，不论过去还是将来，苏联共产党对武装力量的领导都是苏联军事建设的基础，在居民和敌军中进行的宣传鼓动活动占有重要地位，要求苏军保持高度的战斗准备，并且教育军人要积极而坚定地行动。他说："……为使我们工农红军指挥员——即性质完全不同于过去的军队的指挥员，站到应有的高度看待问题，需要他们完全掌握马克思列宁主义方法论……建立列宁主义学校，学习列宁主义原理。这不仅是为了一般地扩大视野，同时也是学习我们纯粹的军事战略和合同战术所必需。"

在整个学年里，学院全体人员都必须参加党课的学习。学员在这方面的专题学习和训练计划与社会经济科目和政治教育大纲协调起来，以避免马克思列宁主义理论学习中的重叠现象。同时，学院成立了部队政治工作教研室。院校的教学大纲也明确规定：学习党的军事政策以及部队政治工作的任务、内容、形式和方法。规定学员在部队现地实习，以便获得指挥员——

“一长制”首长所必须掌握的组织和实施党政工作的能力。

可以说，这种教育模式有效地将可靠的措施和对指挥员的严格要求结合起来，让军事指挥员在不折不扣执行自己的决定时，采取坚决的措施制止无政府主义和混乱状态。

五、速度决定胜负——速成班

在伏龙芝军事学院的历史上，似乎与苏军的武器生产“猴型”政策一样，对学员培训模式有“速成班”教育。

关于“猴型”武器，曾经毕业于伏龙芝军事学院的维克托·苏沃洛夫在《苏军内幕》中是这样介绍的：

苏联武器的简单性令人惊讶，但是每一种投入生产的装备都要造两种型号，一种是政党型，一种是“猴型”（编者注，这是一种比喻说法，因为人与猴均为灵长类动物，但猴肯定没有人先进）。

“猴型”是尽一切可能使之简化的武器，只打算在战时生产，如T–62“猴型”的火炮没有装备稳定器，无线电和光学设备也异常简化，夜视设备仍然使用红外探照灯，火炮的俯仰和炮塔的转动都是人工操作，穿甲弹弹头用钢而不用钨或铀。

在平时，这种“猴型”能大量生产，但他们只送往对苏联友好的国家。苏联现行的装备政策是明智的。它积累足够数量的第一流装备，以应付战争头几个星期的需要。如果战争持续下去，新装备将会大规模生产出来，但这是最大限度简化了的型号，敌人在此时也已消耗了大量装备，简化型号在这种情况下同样具有战斗力。另外，同时生产标准型和“猴型”的经验在平时就已获得，只不过是把“猴型”当作现有的最新式武器卖给了“兄弟”和“朋友”。

正是效仿“猴型”武器的应急性和实用性，学院在特殊时期开设了“速成培训班”，为苏军建设起到了重要作用。

如，1940 年末，学院就大力开办司令部工作速成班、政工和指挥人员进修班。

1941 年 11 月初，学院迁移到塔什干，在莫斯科仅留下了即将毕业的速成班的学员。学院几乎是一到塔什干就开始了教学。至 12 月 1 日，已有 5 个速成班开学，学员人数达 1650 人。学院不得不改变对预选学员的要求标准。鉴于取消入学考试，学院决定优先挑选参加过战斗而又英勇善战的军官入校学习。

1942年伏龙芝军事学院的学员

通常接收那些毕业于军校的指挥员，但也接收那些毕业于少尉训练班或有中等文化程度的年轻军官。

1942年6月，学制八个月的学习班和速成班学员毕业了。根据方面军和集团军司令员的反映，他们在指挥部、分队作战中表现出很高的才能。此时，招收了第三批速成班学员，他们将按照新的大纲进行学习。现在在学院4个学习班学习的有近900名军官。他们之中90%的人来自前线，其中14%是团长和副团长，24%是团参谋长，33%是步兵营长或相当于这个职位的指挥员。

1944年，战局已很清楚，离苏军的彻底胜利已为期不远。部队对军事干部的需求量少了，因为军官的伤亡少了。所以，伏龙芝军事学院改变了对军官培养的要求。国防人民委员关于学院改为三年制的命令中规定了这些要求。

1944年9月1日，一年级300人开始按新的三年制教学大纲学习。速成班照常办，只是学员人数大为减少了。

学院调整了速成班的教学大纲，即速成班内学习合同战术、司令部工作、军事学术史和炮兵战术的时间增加了，进行了较多的野外作业。

1945年3月，速成班最后一次招生。同年4月，该班解散，大部分学员（258人）转入高级班继续学习，另一部分（85人）入基本系一年级学习，其余的人被派往部队。

六、“动口”能力课

学院认为，作为一所培养指挥军官的军校，培养和锻炼学员的“动口”能力，或者称“说”的能力是十分重要的，学员必须具备“说”的基本功。基于此，学院开设有讨论课和综合演练提问课等。

讨论课是学院在实施中级指挥课程教学中，每隔 3 ~ 4 次会安排一次讨论课，主要是考查学员对阶段性学习内容的掌握情况，提高指挥员说的能力。

通常情况下，教员事先为学员拟制一个课堂讨论课计划，其内容主要包括讨论课的时间安排、讨论的主要问题、需要自学的参考书目和相关内容。学员一般需要提前3 ~ 5天进行准备。

开展讨论时，通常由教研室的老教授或者教学组长、教研室主任等组织，每个学员都要对讨论的问题进行发言。由于学员准备的充分，这样的讨论课气氛也是非常活跃，学员争先恐后进行发言，或者上台进行讲解。讨论结束时，教员会根据学员的表现情况对每人进行打分，并如实登记成绩。

综合演练提问课，是立足于全面考查和培养学员对军事行动组织指挥方面的理解能力、判断能力、情况的处置能力和军事上的观察能力、动手能力（标绘首长决心图，制订行动方案）及动口“说”的能力。学院综合演练实际上是突出对学员野战、实战能力的考核和锻炼。整个演练模拟实战每天 12 ~ 14 小时不等，全部是在野外进行。期间，导教员甚至包括学院领导不停地向各演练小组现场提出很多刁钻问题，让学员即席回答，或者提出负责情况让学员快速处置，考查学员的快速反应能力和语言组织能力。

纵观伏龙芝军事学院所走过的辉煌历程，确实无愧于“红军大脑”的称号。几十年来，它造就出成千上万名思想成熟、忠于国家、具有最新军事科学知识的栋梁之材。无论是在“十月革命”后的外国武装干涉年代，还是在20世纪40年代的卫国战争期间，从伏龙芝军事学院走出来的学员们为了苏联的独立、自由而出生入死、浴血奋战。在这所赫赫有名的学府学习、培训或进修过的，有很多名声响亮的军事统帅和将领，他们鲜明独特的个性，在历史上也留下了很多趣事、轶事。

一、要想进攻莫斯科，必须击败布琼尼

谢苗·米哈伊洛维奇·布琼尼（1883—1973），1883年4月25日出生于罗斯托夫州科久林村的贫农家庭。他有着70年的戎马生涯，参加过包括两次世界大战在内的四次大战争，一生与苏联军事历史有着不可分割的联系。他是继成吉思汗、忽必烈之后的一个，也是人类历史上最后一个著名的骑兵统帅。

1941 年在莫斯科进行红场阅兵时，他代表最高统帅部进行检阅。

布琼尼

布琼尼 1903 年应征入伍，参加过 1905 年的日俄战争。1908 年毕业于彼得堡骑兵学校，在沿海龙骑兵团服役。第一次世界大战期间，曾在德国、奥地利和高加索战线作战。1917 年“十月革命”准备时期，布琼尼先后被选为高加索骑兵师连士兵委员会主席、团士兵委员会主席和师士兵委员会副主席。后担任西南方面总司令、北高加索总司令等。卫国战争后，担任苏联农业部副部长，专管养马业，一直到 1973 年去世。葬于克里姆林宫宫墙下。

1935 年布琼尼和伏罗希洛夫、图哈切夫斯基、叶戈罗夫、布柳赫尔一起被授予苏联元帅军衔。在此期间，他对红军的建设，特别是骑兵的建设和训练，作出了不可磨灭的贡献。他认真研究总结了第一次世界大战和国内战争的经验，积极参加了多卷集《苏联国内战争史》的编写工作，撰写了《骑兵兵团战术基础》《红色骑兵文集》等著作。

20 世纪 30 年代初，苏联红军进行了重大军事改革，装备更新了，骑兵不再是单一兵种的部队，而是包括了机枪和大炮的混合部队。组织体制和军事理论也有了新的发展。布琼尼意识到，要做好工作，不仅需要经验，而且需要掌握更深刻的军事理论知识。于是，他要求到伏龙芝军事学院学习，并得到斯大林的支持。

1930年10月，伏龙芝军事学院开设二年制特训班，后来，班发展成系。该系培养了五届毕业生，许多毕业生是国内战争和未来伟大卫国战争战场上著名的军事首长。布琼尼是首批特训班学员。学习期间，他完善了自己的军事知识，研究了内战经验、红军建设和军事学术的特点。

在伏龙芝军事学院，布琼尼一面工作一面学习，孜孜不倦，异常勤奋刻苦。他每天7时起床，8时至14时在学院学习，14时至15时吃午饭，然后工作到零点，晚饭后再学习到凌晨3时。1932年，他从伏龙芝军事学院毕业。

1941年6月22日，希特勒发动侵苏战争。布琼尼作为苏联最高统帅部成员之一，参与了作战指挥，并先后担任统帅部预备队集团军群司令员、西南方面总司令、预备队方面军司令员和北高加索方面总司令等职，参加了保卫莫斯科、基辅和高加索等重大战略性战役。在担任西南方面总司令期间，由于部队的努力奋战，使德军南方集团军群进展缓慢，“要想进攻莫斯科，必须击败布琼尼”成为德军的口号。在基辅战役中，他准确地判断出德军中央集体军群即将迂回包围基辅，为了挽救即将陷入重围的军队，他不顾斯大林不准后退一步的命令，独断下令部队撤退，由此失去了斯大林的信任，被

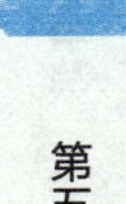

撤销了西南方面总司令的职务。灾难终于来临，基辅包围圈里有 66 万红军陷入了重围。此后，布琼尼淡出了苏联军界，以后担任的几个方面军司令职务基本属于过渡性质。在德军兵临莫斯科城下之际，他协助斯大林组织了庆祝十月革命 24 周年的红场阅兵，骑着高头骏马巡视了受阅部队。

有关布琼尼的笑话很多，他本人也爱开玩笑。布琼尼元帅一次到航天城去开会，一位飞行员挖苦这位“第一红骑兵”，问道：“三十年代有个口号是‘从骑马到开飞机’。元帅同志，您想过改开飞机吗？”布琼尼忽地站起来：“怎么没试过？试过！但是没开成，马鞍倒是安在飞机机身上了，可笼头怎么都套不住发动机。”

二、战神——朱可夫

格奥尔吉·康斯坦丁诺维奇·朱可夫（1896—1974），苏联著名军事家、战略家、苏联元帅。

1943 年 1 月 18 日，朱可夫被授予苏联元帅军衔，是苏德战争中继斯大林后第二位获此殊荣的苏军统帅，因其在苏德战争中的卓越功勋，被公认为是第二次世界大战中最优秀的将领之一，也因此成为仅有的四次荣膺苏联英雄荣誉称号的两人之一[①]，深受俄罗斯人民的拥戴和敬爱。

朱可夫是装甲战争理论的热心支持者，并以作战部署及下

① 另一人是苏共总书记勃列日涅夫。

属部队的严明纪律声名在外。1937 ~ 1939 年斯大林对军队进行了清洗，装甲战的倡导者图哈切夫斯基被枪毙，不少军事将领被捕，朱可夫却幸运地逃过了清洗并获得升任。关于这一情况，有意见认为是朱可夫的第一骑兵军背景帮助他逃过一劫，当时的苏联元帅中，骑兵出身的伏罗希洛夫和布琼尼都受到重用，而其他三人均被清洗。

1. 进入伏龙芝军事学院学习

1929 年末，朱可夫进入伏龙芝军事学院高级进修班学习。伏龙芝军事学院高级进修班的课程具有相当高的水平。当时，朱可夫所在小组的主任教员是 B.K. 布柳赫尔的副职 M.B. 桑古尔斯基，他是一个学识渊博的人。他所作的关于军事科学问题的讲演和报告都恰当地引用了第一次世界大战和国内战争中的战例。高级进修班的其他教员也都是在战术和战役学方面很有修养的专家。

朱可夫

进入伏龙芝军事学院是朱可夫第二次在正规院校的学习，他在这次学习中受益颇大，以至令他终生难忘。当时高级干部的课程具有相当高的水平，教员们都是战术、战役方面很有修养的专家。这时，正是苏联军事科学的形成时期。在这里，朱可夫阅读了大量的军事著作，如刚刚出版的《伏龙芝选集》，沙波什尼科夫的巨著《军队的大脑》，特里安达菲洛夫的《现代军队的作战特点》以及图哈切夫斯基的著作，特别是《现代军队的作战特点》一书中对坦克在未来战争中的作用的描述引起了朱可夫浓厚的兴趣。

在伏龙芝军事学院，朱可夫仿佛来到了一个知识海洋中，在兴奋之余又感到时间精力的不足。他曾说过，精神粮食已足够了，只是来不及消化。除了读书外，高级进修班还经常组织旨在培养创造精神的讨论，常常爆发激烈的争论。同朱可夫争论最多的是戈尔巴托夫，他是骑兵第二军的一个旅长，是一个知识渊博、思维敏锐、富有辩才的指挥员，朱可夫在同他的辩论中获益极大。

高级进修班的全体学员都对军事理论很感兴趣，寻求每一本新书，收集所能得到的各种军事著作，以便带回部队去。当时苏维埃军事科学已开始形成，伏龙芝的著作在这方面占首位。

20世纪20年代末，出版了Б.М.沙波什尼科夫的巨著《军队的大脑》。在这本书中，沙波什尼科夫分析了大量历史资料，全面阐述了总参谋部的作用，提出了一些重要的军事战略原则。

但朱可夫认为，无论是在当时还是现在，“军队的大脑”这个书名对红军来说是不确切的。红军的“大脑”从它存在之日起就是联共（布）中央委员会，因为任何一个重大军事问题都是在中央委员会的参加下作出决定的。这个名称对旧沙皇军队非常合适，那里总参谋部是真正的“大脑”。

在这个时期，苏联最有才干的军事理论家之一 M.H. 图哈切夫斯基开始出版他的著作。M.H. 图哈切夫斯基对于未来战争的性质提出许多卓越的见解。他深入研究了新的理论原则和战略、战役、战术的新原则，提出了军队建设在理论和实践方面同国家的社会制度和生产力的不可分割的联系。

工农红军副参谋长 B.K. 特里安达菲洛夫的著作《现代军队的作战特点》一问世就获得广大读者的赞扬，引起了热烈的讨论。在这本书中，特里安达菲洛夫对当时军队的状况和发展的远景提出了大胆、深刻的见解，指出了用技术装备军队和组织军队的基本途径。关于坦克在未来战争中的作用，特里安达菲洛夫写道：

"对于坦克在未来战争中的巨大战术作用现在已无人怀疑。目前步兵中自动武器的增加，将来自动武器的进一步增加和改进，防御中人工障碍物的广泛运用，以及压制兵器（炮兵）落后于防御兵器，这一切将使坦克成为未来战争中一种威力强大的进攻兵器。"

B.K. 特里安达菲洛夫在其著作的第二部分探讨了战役学问题，研究师、军、集团军和集团军群进攻和防御能力的数据，分析了向战场开进、战役的持续时间和纵深、进攻正面的宽度、防御战役等问题。B.K. 特里安达菲洛夫过早地去世了，他是 1931 年在一次飞机失事中不幸死亡的。很可惜，他没有能完成关于未来战争、关于苏维埃军事战略和战役学的极为重要的原则的论述。

每一个职业军人都可以在 С.С.加米涅夫、А.И.科尔克、И.П.特里安达菲洛夫、И.Э.亚基尔和其他军事领导人及理论家的著作中发现许多珍贵的值得注意的内容。一句话，对于在高级进修班学习的朱可夫来说，精神粮食已足够了，只是来不及消化……

在高级进修班里，朱可夫和同学们一直深入研究一系列极其重要的战役战术课目，进一步熟悉了现代武器及技术。1930 年春毕业回到部队后，他把所学到的理论用于实践，不断验证，不断融进自己的创造，军事素养更趋成熟。

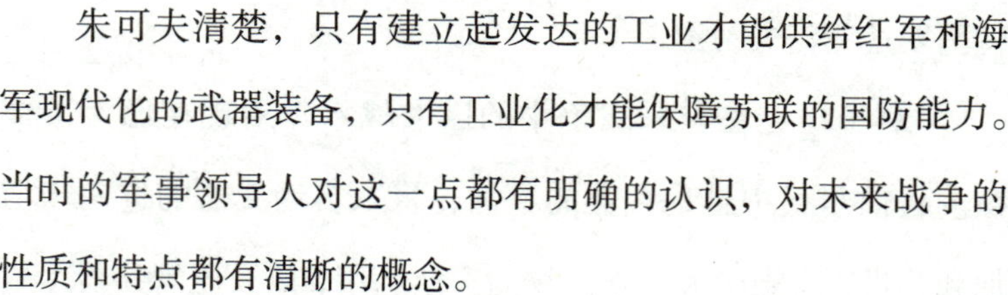

朱可夫清楚，只有建立起发达的工业才能供给红军和海军现代化的武器装备，只有工业化才能保障苏联的国防能力。当时的军事领导人对这一点都有明确的认识，对未来战争的性质和特点都有清晰的概念。

早在 1925 年，伏龙芝在向俄共（布）中央一月全会所作的关于军事改革总结的报告中曾指出 :“我认为，我们许多同志，特别是那些在国内战争前线待过的同志，大概还持有我们国内战争时期所形成的看法。我坚定地认为，这种看法是非常危险的，因为未来的战争将不同于国内战争。当然，它将带有国内阶级战争的性质，从这个意义上讲，将有白卫分子站在敌人一方，而在敌人的阵营里又会有我们的同盟者。但是，从技术、作战方法上看，未来的战争将不同于我们国内战争。我们将同具有最新式技术装备的强大军队作战，如果我们的军队不具备这些新式技术装备，那么，前景对我们会是非常非常不利的。当我们决定国家对防御的全面准备这一问题时，必须考虑到这一点。”

朱可夫当时的同学，著名的军事家、后来成为苏联元帅的巴格拉米扬回忆道：“朱可夫在我们中间是绝对称得上出类拔萃，他不仅果敢顽强，而且足智多谋，有见地。学习期间，他常常提出一些我们料想不到的观点，令人拍案叫绝。他的见解总会引起很大的争论，但他又总能运用新奇的逻辑加以论证……”

2. 趣事片断

（1）谁是“络腮胡”。在苏联卫国战争最激烈、最严峻的期间，朱可夫元帅因为无法说服斯大林，两人各将语调升了八度，争执起来。朱可夫怒气冲冲地走出斯大林的办公室，在会客厅里嘟囔起来：“真他妈的络腮胡！”不料被旁边一位好事的将军听见，偷偷告诉了斯大林。斯大林马上下令召见朱可夫。“你说‘真他妈的络腮胡！’到底指的是谁？”斯大林一双锐目直瞪朱可夫。

朱可夫何其聪明，他马上回答：“我骂的当然是希特勒了，斯大林同志！”

斯大林沉默片刻，抽起了烟斗：“没错，朱可夫同志，我也会这样骂他的。”

随后，他扭头问告密的将军：“那你认为络腮胡指的是谁？”

（2）可怕的朱可夫。1941 年秋，德军兵临城下，“装甲兵之父”古德里安上将率领的德国坦克部队势不可挡。朱可夫是西部方面军司令员，他素来治军严格，对下属求全责备。他麾下的一名少将德米特里·列柳申科（后来的苏军大将，两度获得苏联英雄称号）虽然骁勇善战，但却非常畏惧他，总是千方百计避免与他见面。

每当朱可夫前往列柳申科的部队视察时，列柳申科都让副手顶上，自己宁可上前线指挥与古德里安部队的战斗。朱可夫起初并未在意，后来才弄明白。一次，他来到军中，不无揶揄地问列柳申科的副手：“那个狡猾的胆小鬼又躲到哪里去了？”

副手回答道：“他率部突袭敌人后方去了。”

朱可夫一惊，随后无可奈何地皱起眉头：“难道我比古德里安更可怕？”

三、政委出身的元帅——科涅夫

伊万·斯捷潘诺维奇·科涅夫（1897—1973），苏联元帅（1944），军事统帅、军事家，第二次世界大战中和朱可夫、罗科索夫斯基并称为苏联陆军的野战三驾马车。他在军事上所具有的敏锐而正确的直觉是罕见的。他擅长步炮协同作战，能把强大的炮兵火力和步兵高速度下出其不意地进攻完美无缺地结合起来。他在 1943 年后打出了一系列经典的攻击战。而且作为政治委员出身的他，在激励士气、思想工作等方面

■1979~1989年，苏联武装入侵阿富汗，与阿抵抗力量之间展开一场侵略与反侵略战争。图为苏军阵地。

科涅夫

有着朱可夫不可比拟的优势。

科涅夫曾经两度获得苏联英雄称号，是苏联最高军功奖——胜利勋章的获得者之一。因为率领军队在捷克斯洛伐克和蒙古作战过，还获得捷克斯洛伐克和蒙古英雄称号。1916年科涅夫应征入俄国军队，参加第一次世界大战。1918年加入俄共（布）。国内战争开始后参加红军，历任装甲列车政委、步兵旅政委、师政委、远东共和国人民革命军司令部政委，积极参加平叛和对日本干涉军的作战。

内战结束后，科涅夫先在东部担任一个海岸步兵军的政委，后因红军大规模缩编，他调任莫斯科军区一个步兵师的政委。这期间，他与莫斯科军区司令员伏罗希洛夫有过多次工作接触。伏罗希洛夫对这位年轻师政委的精明干练留下了深刻印象。1925年10月，伏罗希洛夫接替逝世的米哈伊尔·瓦西里耶维奇·伏龙芝，担任苏联革命军事委员会主席和陆海军人民委员。不久后的一次军事工作人员会议上，科涅夫就加强部队纪律和秩序，以及提高战备发表了大胆而有原则性的讲话，使与会者深受触动。伏罗希洛夫称赞他说：“您是一位有战斗能力的军事委员！”并建议他改任军事指挥员。

科涅夫于1926年进入伏龙芝军事学院高级首长进修班学习，开始了从一位政工干部向红军指挥员的转变。1927年学习期满后，他回到原来所在师，当时图哈切夫斯基对科涅夫这种政工改行当军事军官另眼相看，把他降级当了步兵团团长，呆了5年后才升任师长。科涅夫并不满足于在进修班所学到的知识，他向上级申请进红军最高军事学府——伏龙芝军事学院进行系统的深造。这次，他又得到国防人民委员伏罗希洛夫的帮助，后者下令让他离职进入伏龙芝军事学院学习。

1934年，科涅夫在伏龙芝军事学院以优异成绩毕业，学院对他的评语是能胜任军级指挥。从伏龙芝军事学院毕业后，科涅夫先后任步兵师长、军长、集团军司令和军区司令。1973年5月21日，科涅夫在莫斯科去世。著有回忆录《1945年》和《方面军司令员笔记》。

1. 浪漫婚姻

科涅夫结过两次婚，第二任夫人安东宁娜曾是卫生员。科涅夫伉俪相差25岁。他们1942年相识时，科涅夫的第一段婚姻刚结束，心灵受到重创，是安东宁娜一直陪伴左右，随他南征北战。作为医生，安东宁娜努力帮助科涅夫战胜胃溃疡，为他烹饪饮食，科涅夫亲切地称她为自己的“勤务兵”。科涅夫在战场上指挥千军万马，胜券在握，但在感情上却极不自信。在前线向安东宁娜求婚成功后，科涅夫非常激动。他将心爱的女子揽入怀中，动情地说：“搂着你，我如同拥抱着全世界！”与安东宁娜去布拉格度假时，科涅夫非常高兴，他一边开车，一边高歌，虽然走调得厉害，却令安东宁娜非常感动。

2. 战后地位

科涅夫1945年在前线

英国陆军元帅理查德·迈克尔·鲍威尔·卡弗在他的《现代世界名将》一书中，将科涅夫列为第二次世界大战苏军名帅中的第二位。这是因为科涅夫善于指挥大兵团进攻作战，他在第二次世界大战中指挥了许多气势磅礴、排山倒海的大规模进攻战役，在战争史上留下了光辉纪录。

战争结束后，苏联政府在克里姆林宫举行了为红军指挥员们庆功的盛大招待会。立下战功的红军将领们荟萃一堂，大厅中将星耀眼,勋章闪烁。莫洛托夫代表党和政府发表讲话，提到元帅时，莫洛托夫第二个提到的就是科涅夫，“科涅夫元帅的军队与朱可夫元帅的军队一起冲入柏林！”与会者也报以热烈的掌声。战争期间苏军最高统帅部发布的命令中，朱可夫与科涅夫两人的名字是最常被提到的，而且是并列的。

第二次世界大战胜利后，在克里姆林宫的军事会议上讨论胜利阅兵时，斯大林提出由科涅夫元帅主持阅兵式。但科涅夫拒绝当阅兵总指挥，说自己不是骑兵，宁愿在本方面军的排头步行走过红场。斯大林在遭到拒绝后极为不快，生气地说道：“你翘尾巴了，科涅夫同志！得了，我们把这个任务交给罗科索夫斯基同志。”

3. 与朱可夫的关系

科涅夫在生命中最危险的时刻，可以说是被朱可夫解救和提拔上来的，但科涅夫和朱可夫的矛盾也是公开的，这里面有他们两位对建设现代化军队的不同见解，但更多的是两个个性很强的军人的碰撞。朱可夫元帅是一位非常杰出的军事统帅，但他性格中的一个重大缺点是过于以自我为中心，有时没有注意尊重别人的感觉，他很难容忍部下的不同见解。由于朱可夫的杰出历史功绩，他的这些缺点往往被忽略了，但这不包括个性同样很强的科涅夫，即使在朱可夫元帅的威望处于最顶峰的时期，科涅夫也从不讳言对朱可夫的某些行为的不满。

1946 年，斯大林打算清除在军队中具有太高威望的朱可夫元帅，当时在全体军队高级将领出席的会议上，斯大林向大家出示了有关朱可夫密谋组织反党组织，阴谋夺取国家权力的“证据”，经历了 20 世纪 30 年代肃反的人都知道这意味着什么。在一片沉默犹豫中，科涅夫元帅第一个站起来为朱可夫辩护，表示他绝不相信，这需要多么大的勇气！由于科涅夫的带头，其他将领也纷纷为朱可夫辩护，这使得朱可夫逃脱了一次政治灾难，最后仅仅被贬为奥德萨军区司令。

有意思的是，在那以后，科涅夫并没有向朱可夫表示和解，而是继续对朱可夫一些缺点进行指责，到了 1950 年，他也被降级，调到了喀尔巴阡军区当司令员。斯大林逝世后，朱可夫和科涅夫都得到了升迁的机会，共同参与了逮捕贝利亚及其同伙的行动。两人东山再起，再次掌握大权，科涅夫仍没有停止对朱可夫的指责。这些经历，均说明科涅夫不是一个背后捅刀子的小人。两个伟大的元帅之间，只是在建军道路上的理念有着不同。

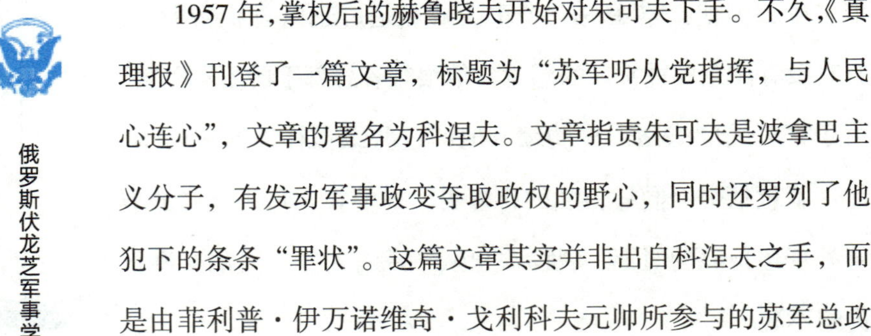

1957 年，掌权后的赫鲁晓夫开始对朱可夫下手。不久，《真理报》刊登了一篇文章，标题为“苏军听从党指挥，与人民心连心”，文章的署名为科涅夫。文章指责朱可夫是波拿巴主义分子，有发动军事政变夺取政权的野心，同时还罗列了他犯下的条条“罪状”。这篇文章其实并非出自科涅夫之手，而是由菲利普 · 伊万诺维奇 · 戈利科夫元帅所参与的苏军总政治部炮制的。

在此前的某天晚上，有人把这篇文章送到了科涅夫家，让他在上面署名，并说这是中央委员会的决定。科涅夫觉得事情重大，几乎一夜未眠，最后，他尽可能软化了批评的口气。并给赫鲁晓夫打电话，希望不要发表这篇文章。

赫鲁晓夫在电话那头强硬地说：“你想干也罢，不想干也罢！反正文章都得用你的名义发表！”

朱可夫看到这篇文章时简直被气晕过去了。在街上的一次巧遇科涅夫时，朱可夫冷冷地对他说："伊万·斯捷潘诺维奇，请为我写一篇辟谣文章！"科涅夫回答道："格奥尔吉·康斯坦丁诺维奇，这是党的决定，在我们国家这就是法律。"

四、两次出使中国的崔可夫元帅

瓦西里·伊万诺维奇·崔可夫（1900 — 1982），苏联元帅。

世界大战的战场上，骁勇善战的将领为数不少，但同时拥有外交生涯的勇将却不多见，崔可夫就是一位这样的将领。

1. 在伏龙芝军事学院学习

崔可夫 1900 年 2 月 12 日出生于贫苦农民家庭，1917 年在俄波罗的海舰队当水兵，"十月革命"后加入红军，1919 年加入苏联共产党。苏联国内战争期间，他历任连长、团长，并获得两枚红旗勋章。

崔可夫

1922 年，苏联红军粉碎了国内反革命的反扑和外国武装干涉者的进攻，苏维埃政府在列宁的领导下，开始了由战时共产主义向新经济政策过渡，国内的局势开始稳定下来。此时，23岁的崔可夫已经是一名战斗经验丰富的团长，他一直有一个梦想，就是有朝一日能进入军事学院系统地学习，以便掌握系统的军事理论，为以后的军事生涯铺路架桥。崔可夫见国内形势已趋稳定，于是申请进入最高军事院校——工农红军军事学院学习。他积极求学的愿望很快得到了上级首长的肯定和批准。1922年8月，崔可夫接到工农红军军事学院的入学通知，如愿以偿地成为伏龙芝军事学院第五期的学员。

崔可夫在伏龙芝军事学院学习时，院长是工农红军参谋长别列杰夫，他在前几任院长的基础上做了大量工作，使学院的教学工作进一步系统化，各学科界限日趋分明，科研和教学的关系逐渐完善，各门课程的内容不断充实，教学工作很有起色。这时的伏龙芝学院的主要学科都由资深的教研室主任担任主讲；辅助课程也在教研室主任的直接组织和监督下，由指定的专门主讲人或教学小组领导人讲授。经过几年的努力，学院教学的重点开始突出，方法更趋灵活，理论学习与实践的结合更趋紧密，并编写了大量教材和参考资料，如《外军手册》《炮兵手册》《空军手册》及各种战史、战略学、未来军事学、战役战术著作。学院还有一大批理论功底深、造诣高的著名教授、学者。崔可夫得以师承如此多的名家，受益很大。他积极向他们请教，认真阅读大量军事学术著作，并广泛参加军事实践，使自己的军事理论素养在丰富的实践

经验基础上得到升华。崔可夫认识到，作为一名军事指挥人员，不仅要成为战役战术的执行者、创造者和组织者，更应该是一个教育者，要用心灵去感召自己的士兵，培养他们的爱国主义情操和勇于为祖国、为人民去战斗和牺牲的精神。在具体的战斗中，不仅要激发自己的主观能动性，更应创造一种军纪与民主相和谐的气氛，培养士兵遵守严明的纪律及严格执行上级下达的命令的自觉性，同时又要鼓励他们养成敢于创造、勇于提出自己观点的素质。崔可夫所拥有的这些优良理论素养，在他今后的军事生涯中发挥了很大的作用。

学校的生活是清苦的，学员们都是按入学前的标准领取生活费。崔可夫虽然已经是中级军官，但每月领取的薪金仍然少得可怜。伏龙芝在描述这一时期红军的生活状况时写道："关于红军过去生活的特点，只用一句话就可以概括了，红军过着饥寒交迫、衣衫褴褛的生活。"

1925 年 8 月，崔可夫以优异成绩随第五期学员们如期毕业。与他同期毕业的还有后来在苏军影响颇大的扎米亚京、库尔久莫夫、莫尔德维诺夫、什列明、雅尔切夫斯基等人，他们后来都成为苏军著名的指挥员和高级参谋人员。

院长伏龙芝元帅向毕业学员提出贺词："为部队军事技能和政治觉悟的提升，奉献出全部力量。"

由于学业优异，政治素质过硬，学院决定留崔可夫在东方系的中国部继续深造。东方系的主要任务是培养新一代的军事外交官，对学员的要求十分严格。学院要求每一名学员必须具有敏锐的洞察力、机敏的反应力和处理紧急事务的魄力和勇气。所有这些都需要有广泛而精深的社会、政治、军事甚至法律知识，特别是要有汉语功底。

崔可夫在东方系中国部学习期间，将大量时间和精力用于学习中国的汉语。为了掌握汉字的准确发音，记住各式各样的方块字，崔可夫广辟蹊径，强化训练，细心研究中国文字的特点，摸索汉语学习的规律。他对中国丰富多彩的风俗习惯和古老的文明历史有浓厚的兴趣。课余时间，他找曾去过中国的同学攀谈，并经常去纳里曼诺夫东方大学与中国留学生一起讨论有关中国的问题。

2. 出使中国

1927 年秋，崔可夫正式结束了在伏龙芝军事学院东方系的学习，被派往中国担任军事顾问。1929 年参加了因中东路事件而爆发的中苏战争。

大清洗期间，崔可夫等年轻军官得以快速提升，以填补留出的空位。1938 年崔可夫已经是集团军司令，少将军衔。1939 年 9 月崔可夫指挥第 4 集团军参加了入侵波兰的行动。在其后的苏芬战争中，崔可夫担任第 9 集团军司令，后因作战不利被解职。

因有出使中国的经历，且通晓汉语，1940 年崔可夫被斯大林选中再次出使中国，担任苏联军事顾问团团长，成为蒋介石的军事顾问。在华期间，崔可夫除协助中国抗日外，还大量收集了中日两国情报，并据此准确判断出日本南进的意图。

3. 从斯大林格勒到柏林

苏德战争爆发后，崔可夫请求回国参战，1942 年 3 月崔可夫结束了在中国的使命回国，5 月被任命为第 64 军团副司令，7 月率部开赴斯大林格勒前线，9 月被派往第 62 军团担任司令。当时情况极其危急，不论是德国人还是盟军，甚至不少红军将领都认为斯大林格勒的陷落只是时间问题。

崔可夫一上任，首先整顿军心。他宣布，第 62 军团司令部绝不准退过伏尔加河，下属各兵团司令部不许在集团军司令部之后。崔可夫指挥部队一次又一次地击退了数倍于己的德军，完成了苏联最高统帅部“不许后退一步”的任务。因在斯大林格勒战役中的英勇表现，崔可夫获得“苏联英雄”称号。

1943 年 4 月，第 62 军团被改编为第 8 亲卫军团，崔可夫担任司令，并指挥该军团参加了库尔斯克战役、白俄罗斯战役、明斯克战役、维斯瓦河—奥得河战役、东波美拉尼亚攻势，一直到攻克纳粹德国柏林。其间崔可夫又一次获得“苏联英雄”称号，并晋升为上将军衔。

战后，崔可夫先后担任驻德苏军副总司令、总司令，基辅军区司令员，国防部副部长，陆军总司令等职，1955 年获苏联元帅军衔。

崔可夫著作颇多，主要有《集体英雄主义的集团军》《战火中的 180 天》《空前的功绩》《在乌克兰的战斗》《斯大林格勒近卫军西进》《在战火中锤炼青春》《第三帝国的末日》《本世纪之战》《在华使命》《斯大林格勒：经验与教训》《从斯大林格勒到柏林》等。

4. 对华并不友好

1960 年 4 月，崔可夫调任国防部副部长兼陆军总司令，同年 7 月，兼任苏联民防司令。在 1961 年的苏共二十二大上，崔可夫当选为苏共中央委员，成为苏联武装力量的高层中坚人物。在赫鲁晓夫担任苏共中央总书记期间，崔可夫受到了重用，成为其得力的军事助手。

崔可夫大力倡导质量建军，使苏联陆军装备大量先进的导弹和核武器，并使苏联陆军完全实现了摩托化；苏联的民防工程也得到了很大发展。在“古巴导弹危机”事件发生后，赫鲁晓夫采取退却策略，引起苏联军方高层强硬派的不满，崔可夫积极协助赫鲁晓夫在苏军高层进行了有效的疏导工作。

1969 年，中苏珍宝岛事件爆发，时任国防部长助理的崔可夫主张“一劳永逸地打击中国”，甚至准备发射携带核弹头的远程导弹，对中国发动“外科手术式的核攻击”，最终由于担心大规模反击未实施。

五、热衷“拳脚教育”的叶廖缅科元帅

叶廖缅科

安德烈·伊万诺维奇·叶廖缅科（1892—1970），第二次世界大战结束时的苏联十大方面军司令员之一，1955年苏联元帅，骑兵出身，性格粗暴而好说大话，对苏联第二次世界大战初期在基辅的失败负有直接责任。后来因布良斯克的大败而降职。1942年底奉命指挥斯大林格勒方面军坚守成功，体现了巨大的勇气和超人的胆识，此后出任一系列方面军要职。其异乎寻常的顽强作风、严厉过人的领军特点和极强的组织能力使他在苏军统帅群中别具一格，在伏龙芝军事学院2002年评定中位居20个战略方向领导人中的第15位。

与罗科索夫斯基一样，叶廖缅科在进入伏龙芝军事学院之前，也去了列宁格勒高级骑兵学校进修班学习。在进修班里，尽管有丰富的作战经历，但开始以全新的眼光看军事问题，开始相信自己能胜任上级命令自己履行的职责。他后来回忆

说，对一个军人来说，这是很重要的，因为如果他不相信自己，那么他一定不能指挥一个部队或兵团，领导那些在一切方面都应该绝对和自觉服从的官兵。他认为，一个指挥员应该善于使其他人服从自己的意志。这个进修班里还有朱可夫、罗科索夫斯基、巴格拉米扬等后来著名的统帅。

1932 年，出于自己迫切的愿望，更由于伏罗希洛夫的推荐，叶廖缅科进入了伏龙芝军事学院特别系学习。这个系是个友好的集体，在叶廖缅科记忆里留下了特别的烙印，他的同学有后来卫国战争期间赫赫有名的指挥员：阿塔耶夫、卡尔波夫、沙普金、切列维琴科等。

伏龙芝军事学院给了叶廖缅科扎实的军事知识，后来他以最优等的成绩毕业，回到老部队任副师长。

叶廖缅科热衷于对下属进行“拳脚教育”。1941 年 9 月 19 日，第 13 集团军军事委员会成员、白俄罗斯共产党中央委员会书记加年科写给斯大林的申诉书说道：“昨晚，在方面军的前沿阵地上，我和叶夫列莫夫将军一起返回作战小组，以便制订下一步的进攻计划。方面军司令叶廖缅科和军事委员会成员马泽波夫一起也来到了这里，当着所有人的面，演出了下面这场闹剧：叶廖缅科不问青红皂白，指责军事委员会胆小如鼠、背叛祖国。我说，不应该说这么过头的话，叶廖缅科就挥舞着拳头向我冲了过来，有好几次打在我脸上，还扬言说要枪毙我。我表示，他可以枪毙我，但是他没有权力侮辱一位共产党员和最高委员会代表的人格。不料叶廖缅科一听这话拔出了毛瑟枪，所幸副司令米哈伊尔·格里戈里那维奇·叶夫列莫夫拦住他，没让他开枪。接着，他就开始威胁说要枪毙叶夫列莫夫。在这场不成体统的闹剧中，叶廖缅科歇斯底里地破口大骂，稍稍冷静一点之后，叶廖缅科又开始夸口说，好像是斯大林同志赞成他痛打几个兵团的司令，哪怕把其中的一个脑袋打破也不要紧。坐下来吃晚饭的时候，叶廖缅科强迫叶夫列莫夫跟他喝伏特加酒，而当后者表示不愿意喝时，就开始破口大骂，说叶夫列莫夫存心跟他作对，以后再也不能当他的副手，尤其是因为他连兵团司令们的脸也不敢打。以上是真实情况，我请求您做出裁决。”

斯大林的处理办法仅限于此：把加年科的申诉内容给叶廖缅科讲了一下，要求他做出解释，然后叶廖缅科的方面军司令照当不误。叶夫列莫夫呢，则被派去组建新的第 33 集团军。

赫鲁晓夫也讲述了发生在第 13 集团军军事委员会成员身上的事情：“后来我才知道，有一天叶廖缅科甚至打了军事委员会成员。后来我问他：‘安德烈·伊万诺维奇，您怎么可以允许自己打人呢？要知道，您可是一位将军、一位司令啊！您连军事委员会成员也打了？！’‘您知道吧，现在的局势就是这样。’他回答说。‘不管局势如何，难道除了拳脚相加，就没有别的途径可以和军事委员会成员交换意见了吗？’他

■第2次车臣战争中，俄军部队进入阵地准备阻截反政府武装。

又解释说，局势很严峻。应该尽快送来炮弹，他就是为这个事情来的，可军事委员会成员却坐在那儿下象棋。我对叶廖缅科说：‘呵，这个情况我还不知道呢。如果他在这么紧急的情况下还在下棋，这当然不好了，可是，动手打他，这对一个司令员来说——就是对一个普通人来说也一样，不是什么光彩的事。’……”

有意思的是，叶廖缅科本人后来在1943年的时候，还在日记中抱怨朱可夫的粗鲁：“朱可夫，这个篡权者和流氓！对我简直太不像样子了，简直就是非人的待遇。他踩着所有的人往上爬，可是我是最倒霉的一个。他要是不放过我，把我惹急了，我马上就跑到中央委员会或最高统帅那儿告他一状。作为一个司令员，我要为交给我的这份工作负责，所以我有责任这样做，并且作为一个共产党员也应该这样做。我受不了这口窝囊气。想当年，他算个什么！他是一个阴险而又愚蠢的家伙，是一个厚颜无耻的野心家……”显然，叶廖缅科并没有把自己的粗鲁当成是真正的粗鲁，他自己对于下属来说是那么的可怕，恐怕他想都没想到。

六、防空首脑——巴季茨基元帅

帕维尔·费多罗维奇·巴季茨基（1910—1984），苏联军事家，苏联元帅（1968），苏联英雄（1965），苏联防空军首脑。他1910年6月14日出生于乌克兰，1924年参加苏军，后毕

巴季茨基

业于骑兵学校（1929）、伏龙芝军事学院（1938）和总参军事学院（1948）。1938年巴李茨基加入苏联共产党，卫国战争前，历任排长、骑兵连连长、总参谋部特别事务协理军官、摩托化旅参谋长和师参谋长等职。

1945年夏天，巴季茨基年满35岁。那些在艰苦的战争年代担任过师、军一级领导职务、经过残酷的战争考验后不仅幸存下来，而且保持了良好体魄和精力的将军和军官们，毫无疑问成了苏联武装力量最宝贵的干部，他们在战后逐步担上更高一级的军事领导职务。1946年3月，巴季茨基进入总参军事学院进修，1948年毕业并获得金质奖章。他被派往苏联当时最年轻的军种——防空军任职。

1. 组建中国防空军

1949年5月巴季茨基晋升为中将，不久他接到了一项特殊的任务，这就是帮助中华人民共和国组建防空部队。巴季茨基成了被派往中国的战斗航空兵部队、无线电技术部队和探照灯部队指挥组的领导人。这些部队都装备了当时最先进的武器，他们将与掌握了苏联装备的中国高射炮兵部队一道，保卫上海免遭退守台湾的国民党的空中袭击。1950年9

月，完成了援外任务后，巴季茨基担任了空军总司令部的参谋长——空军总司令的第一副手。

2. 华约防空首脑

1953 年 8 月 13 日，巴季茨基晋升上将，担任莫斯科军区第一副司令。1954 年 5 月，苏联建立了对整个国土防空系统实施集中指挥的系统，经批准，设立了防空军总司令一职，以取代防空军司令员的职务，而部队则完全纳入了防空军建制，与此同时重新建立防空区和防空集团军，撤销了防空地域。1954 年 8 月，莫斯科防空地幅被改组为莫斯科防空区，巴季茨基担任该防空区司令员。在指挥莫斯科防空区的 11 年时间里，巴季茨基为了视察地处偏僻的部队，在飞机上度过了数百小时，乘车走过了数万公里，有时甚至长途步行。他熟知防空区内的每一个部队、机场、指挥所，了解许多阵地的人员和装备，期间在 1961 年 5 月 5 日晋升大将。1965 年 5 月 7 日，他获得苏联英雄的“金星勋章”，并担任苏联武装力量第一副总参谋长。1966 年 7 月任苏联国防部副部长兼国土防空军总司令，同时任华沙条约缔约国联合武装力量副总司令兼联合武装力量防空部队司令。1968 年 4 月 15 日成为苏联元帅。

作为总司令，他要为整个辽阔的国土空防状况负责，肩上责任重大。在他的领导下，部队制定了一系列关于军队最重要问题的命令、训令和教令，全面概括和分析了可能之敌在武器和战术方面的新动向，采取了许多针锋相对的措施，

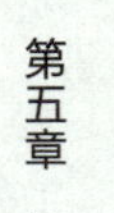

为社会主义阵营的国土防空事业立下了不可磨灭的功勋。

巴季茨基担任防空军总司令时，他开始了 S–300 地空导弹系统的研制工作。他高度评价这个武器系统的前瞻性、有效性和可靠性，积极帮助研制人员克服各种障碍和困难。S–300 系统被苏联军队列装并被国外大量订购，赢得了世界级的声誉。巴季茨基在研制苏 –27 战斗机以及许多其他新型武器中也发挥了重要作用。

七、两次进入伏龙芝军事学院的坦克天才——瓦图京大将

翻开战争的历史画卷，运用坦克制胜的战例不胜枚举，然而将坦克作为快速集群运用于集团军和方面军且战功卓著者则寥若晨星。苏联英雄，尼古拉·费多罗维奇 · 瓦图京大将却是这样一位屈指可数的善用坦克作为快速集群的军事天才。

瓦图京

瓦图京（1901~1944），1901 年 12 月生于苏联别尔哥罗州切普希诺镇。1920 年 4 月参加苏联红军，从此踏上戎马生涯。瓦图京先后任排长、连长、参谋、师参谋长、军区司令部第一部部长、副参谋长、参谋长、方面军参谋长、司令、苏军总参谋

部副总参某长等职。在此期间，他先后毕业于波尔塔瓦步兵学校（1922）、基辅高级联合军事学校（1924）、伏龙芝军事学院（1929）、伏龙芝军事学院战役系（1934）、总参军事学院。

1926年，瓦图京第一次考入伏龙芝军事学院，1929年6月以优异的成绩毕业，任步兵第7师参谋。这一次的学习让瓦图京深感自己军事理论知识的不足，因而产生了再次进伏龙芝军事学院的念头。经过精心准备，1934年他如愿以偿，第二次进入伏龙芝军事学院战役系进修。两次学习奠定了他坚实的军事理论基础，掌握了指挥大兵团进行大规模战役的艺术。他也结交了众多朋友，这期进修班为苏军培养了许多优秀的军事指挥人才，如后来的托尔布辛元帅、科涅夫元帅等。瓦图京对军事史、第一次世界大战史和现代条件下的作战理论等都颇有研究，并善于运用理论创造性地指导作战实践。苏德战争时期，他历任方面军参谋长、副总参谋长和方面军司令。并参与指挥列宁格勒会战、斯大林格勒会战、库尔斯克会战、第聂伯河会战、科尔孙—舍甫琴柯夫斯基战役等。

瓦图京的指挥艺术突出地表现在合围敌军重兵集团，使用坦克作为集团军快速集群和运用坦克集团军作为方面军快速集群，实施战场机动和组织战役防御。

1942年，任苏军总参谋部副总参谋长的瓦图京，作为最高统帅部的代表，成功指挥布良斯克方面军作战；7月调任沃罗涅日方面军司令后，指挥该方面军积极组织防御，抵御来自沃罗涅日方向优势之敌的进攻；10月调任西南方面军司令员，指挥该方面军参加了著名的斯大林格勒会战，并显示出高超的指挥才能。在斯大林格勒会战中，瓦图京参与制订进攻计划，提出了以西南方面军、顿河方面军和斯大林格勒方面军同时在斯大林格勒西北面和南面突破敌人防御，尔后在德军纵深处会合，切断德军增援，包围斯大林格勒地域内之德军（20多个师）的大胆建议，并被采纳。为此，瓦图京在其指挥的方面军左翼突破德军防御，投入由所属的两个坦克军组成的快速集群，向战役纵深快速推进，很快占领了战役支撑点，并与顿河方面军和斯大林格勒方面军的机械化军构成了合围对内正面，将德军压缩在1500平方公里的地域内。尔后，他又以坦克第5集团军向纵深发展进攻，与友军构成了对外正面，从而使斯大林格勒城内25万德军成了瓮中之鳖。在此战中，瓦图京以灵活多变的战术，巧妙地运用坦克，成功地解决了在进攻中使用快速兵团和军团发展胜利等问题。正是此战役后，瓦图京被授予大将军衔。12月，他指挥该方面军和沃罗涅日方面军左翼部队实施了“小土星”战役，创造了在正面连续突击的同时，组织的实施强大翼侧突击的成功战例。

1943年6月，瓦图京再次调任沃罗涅日方面军司令员，指挥该方面军参加了库尔斯克会战。此次战役，苏军的沃罗涅日方面军和中央方面军协同，粉碎了德军以总兵力90万人、火炮约1万门、坦克2700辆、飞机2050架向库尔斯克地域

■俄格战争中的2008年8月11日，距离茨欣瓦利15公里的村庄俄罗斯军人跑向掩蔽所。

的进攻。瓦图京在沃罗涅日方面军做好防御准备后，打破常规，在德军进攻前，出其不意地对德军进攻部队实施了炮火反准备，极大地削弱了其突击力量，迫使德军被动地发动进攻。德军对沃罗涅日方面军投入了约 1000 辆坦克。瓦图京以 3 个集团军和 1 个坦克集团军抗击德军突击。德军久攻不下，意欲改由东南面突击，直接夺取库尔斯克。瓦图京识破其企图，遂将加强用的大本营预备队近卫坦克第 5 集团军和近卫第 5 集团军的全部兵力，外加坦克第 1 集团军、近卫第 6 和第 7 集团军的部分兵力投入战斗，实施反突击。近卫坦克第 5 集团军与德军党卫队坦克军和坦克第 3 军在普罗霍罗夫卡相遇，于是发生了第二次世界大战中最大的一次坦克遭遇战，双方交战坦克达 1200 辆，战况惨烈，苏军取得了遭遇战的胜利，德军被迫退回出发阵地。瓦图京抓住战机，以沃罗涅日方面军的坦克第 1 集团军和坦克第 5 集团军编成快速集群，负责主要突破，采取分割包围，各个歼灭的战法，夺取了此次战役的胜利。这次战役充分显示出了瓦图京不拘兵法、审时度势、随机应变的高超指挥才能。

1944 年，瓦图京在前往部队途中负伤，于同年 4 月 5 日去世，葬于基辅。

为帮助中国革命培养高素质的军事人才，从1925年起，伏龙芝军事学院专门为中国的学生预留了名额。刘伯承元帅、左权将军、刘亚楼将军、刘志成将军等一批中国革命优秀军人都曾经就读于此，毛岸英同志也曾在伏龙芝军事学院学习过。可以说，伏龙芝军事学院为中国的革命事业作出了巨大的贡献。

一、当代新孙吴——刘伯承

刘伯承（1892—1986），中华人民共和国元帅，中国人民解放军创始人和领导人，现代军事家。1911年参加辛亥革命，入学生军，参加了护国、护法战争。刘伯承加入中国共产党后，组织过泸顺起义、南昌起义，先后担任过中央红军总参谋长、八路军一二九

刘伯承

师师长、第二野战军司令员、军事学院院长、中央军委副主席等职。他对中国革命军队的建立和壮大，对革命战争的胜利和新中国的成立，对我军向正规化现代化的迈进都作出了不朽的贡献。

南昌起义失败后，中共中央决定派刘伯承到苏联学习。1927年11月，这所学校在莫斯科东北角的红色兵营，旧名列弗尔道渥。

在船上，刘伯承被告知他的俄文名叫“阿法纳西耶夫”，当时的中国留苏学生都取了俄文名。虽然刘伯承是个名将，但打仗归打仗，留学归留学，他一句俄文不懂，一路上念佛似地暗暗念叨着自己的新名字——阿法纳西耶夫……

进校报到时，刘伯承仍在心里默念着“阿法纳西耶夫”，却突然发现，周围的人都看着他哄笑起来——原来教员已经点到“阿法纳西耶夫”了，他愣是没听出来。

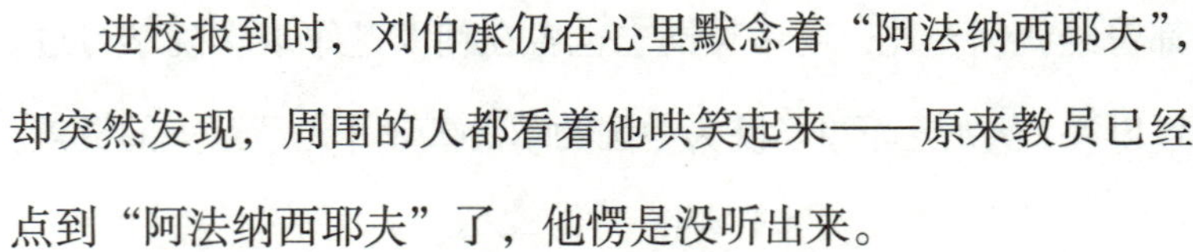

入学后，刘伯承编在第16班，这个班30多人都是中国学员，有中共的组织，唐赤英为支部书记，刘伯承、张西林、陈林为支部委员。

紧张的军校生活开始了。在中国学员中，刘伯承年龄最大，他已经36岁了。首先遇到的就是俄文这一关。为了能直接阅读俄文书籍，直接听懂苏联教官讲课，他拼命地学俄文。在俄语中，“P”这个字母的发音是比较难的。刘伯承在刚开始认俄文字母时，有好几天从早到晚一有时间就练“P”的发音。后来，刘伯承在回忆学俄语的艰难时讲道：“那时，在学习中遇到这么大的困难，咋个办？当时只有一个念头：学，刻苦地学，人家学一遍，我就学十遍；人家学十遍，我就学百遍。我的诀窍只有一个，就是刻苦学习，努力学习。”为了学俄语，刘伯承使尽了浑身解数。他抓紧一切课余时间背单词或整理笔记。他除自备单词小本外，每日必在左手手心中写满生词，直到完全记熟后才另换新词。同学们经常见他一边走路一边背诵单词。他甚至认为在厕所里若不背单词，就是浪费时间。碰到自己弄不懂的地方，就虚心向同学们请教。有的同学看他学俄文实在吃力，就对他说：“我给你翻译吧。”他说：“老弟，那可不行，得自己学。”看书时间长了，右眼的假眼球——刘伯承在 1916 年与北洋军的战斗中失去右眼，随后做手术换了假眼球，把眼眶磨得生疼，也不休息，把假眼球摘下来，再接着看。晚上，同学们已熄灯就寝，他还独自在走廊的灯光下，默默地认、记。莫斯科冬天的早晨，气温大都在零下 15 摄氏度左右。每天早晨，刘伯承都提前来到操场上朗读俄语。同学们劝他不要起得太早，他说：“早起一会儿，第一不妨碍别人，第二早晨空气新鲜，容易记忆。”

那时的苏联经济还很困难，食品都是配给的。刘伯承享受的是将军级别的待遇，他打起了军官证的主意。刘伯承找到了学校里的勤杂工说：“你可以拿我的军官证去买东西，但你每天得教我一个小时的口语。”

半年之后，刘伯承的语言能力让老师吃惊了：“我不相信你半年就能学成这样，你是不是讨了个俄国老婆？”

凭借这种夜以继日的顽强精神，俄语这一关终于被他攻克了。他在给川军旧友王尔常的信中提到这一段学习生活时说：“余年逾而立，初学外文，未行之时，朋侪皆以为虑。目睹苏联建国之初尤饥馑，今日已能饷我以牛奶面包。每思川民菜色满面，‘豆花’尚不可得，更激余钻研主义、精通军事以报祖国之心。然不过外文这一关，此志何由得达？乃视文法如钱串，视生字如铜钱，汲汲然日夜积累之；视疑难如敌阵，惶惶然日夜攻占之，不数月已能阅读俄文书籍矣。”他这种为革命而勤奋学习的精神，在当时的中苏同学中传为美谈。

射击科目对于刘伯承来讲，由于右眼问题，教官并没有对他有要求，显然不是“必修课”，但刘伯承认为，作为军人，就要有一手好枪法。失去右眼之前，刘伯承是右手持枪，用右眼瞄准。在练习实弹射击时，刘伯承必须克服习惯所带来的不便，练习用左眼瞄准。在开始时，连靶子都打不中，经过一段时间的苦练后，刘伯承进行的手枪、步枪的射击训练，基本可以命中枪靶。

1928 年下半年，刘伯承被调到伏龙芝军事学院学习，当时院长是爱迪曼上将。刘伯承一来到这座学院，赫然入目的便是一条大标语：“一切战术要适合一定的历史时代，如果新的武器出现了，则军队的组织形式与指挥也要随之改变。”这句话给刘伯承留下了深刻的印象。

伏龙芝军事学院中国班共6人，与刘伯承同学的有左权、屈武、陈其科、黄涤洪、刘云。当时6个人都是共产党员，成立了一个支部，刘云为支部书记。开设的课程主要有战略、战史（第一次世界大战史、苏联内战史）、军事地理、俄文等。刘伯承善于与实践结合起来学习军事理论。每学一门课，他都认真联系过去参加过的战斗，从中总结成功的经验和失败的教训。因此，无论是课堂提问、图上作业或野外演习，他都表现出比别的同学学得扎实，理解得深。

有一次，进行图上作业时，教官出题，问道："派通信兵从山上向山下送信，是该派骑兵还是步兵？"结合过去的战斗经验，刘伯承说："根据地形，山地陡峭，所以结合实际情况，还是应该派步兵。"这种回答得到了教官的肯定。

然而学习中也有一些不愉快的事情。当时的苏联在斯大林的领导下，执行的是国际主义政策，但有的教官脑子里不免残留着沙皇时代的侵略扩张思想。一位教官讲解什么是边界线，竟然说："边界线就是实力线，是实际控制线，是战斗线，是侵略目的线，是占领有利地形为自己战略服务的线。"

有次学校组织去参观莫斯科革命博物馆，里面放着一个雕塑：一个中国人跪着，趾高气扬的俄国人一只手揪着这个中国人的辫子，一只脚踩在中国人的背上。刘伯承看后心中十分不快。他向教官提出，这不符合国际主义精神，教官却批评他有民族主义情绪。从此，刘伯承埋头读书，很少外出参观。

紧张的学习生活之余，同学们喜欢看电影或听听音乐。有一次刘伯承和大家一起看电影，电影的名字是《红色银花》，讲述的是中国人愚昧落后、懦弱麻木的情况。影片出现了衣衫褴褛、面黄肌瘦的中国人，心甘情愿地跪在地上欢迎侵入新疆的俄国人，这大大刺伤了刘伯承的民族自尊心，当场他就指出：这是对中国人的侮辱。校方再一次批评他有“民族主义情绪”。他深切感到弱国之民无地位，勉励自己更加努力学习，为改变祖国落后、屈辱的命运而奋斗。以后，每当学院组织看电影，他都不去，一个人坐在宿舍里看书。同学们叫他，他说：“来这里学习，机会很难得，要争取时间多学点东西。党随时都有可能叫我们回去参加战斗，那时就没有这么安定的环境和时间了。”

多年以后，谈到自己在苏联学习时的心情，刘伯承对原新华社刘邓大军前线分社社长说：“教官要我学跳舞，我不学。叫我学照相，我也不学……我说：我不想当武官，我只想为中国老百姓做点事。”

刘伯承在苏联学习期间非常关心国内的政治形势。1929年春的一天，国内来人向在伏龙芝军事学院学习的人介绍了湘赣革命根据地的斗争情况，刘伯承听了感到很受鼓舞。他对同学屈武说，中国的武装斗争已经有了一个好的局面，尽管困难很多，但前途是光明的。他真想现在就回国，上井冈山和毛泽东、朱德同志去一起战斗。他一再向屈武强调：“中国革命同苏联情况不一样，中国一定要依靠农民，武装农民，否则，中国革命是不会成功的。”

1930 年，刘伯承回到国内。他参照苏联军队的体制，将正规化的参谋系统带入了红军；他学习外国军事家的先进理念，并融入战争指挥艺术中；他借鉴苏联军校的经验，创办了 1949 年后最早的军事院校……

在几十年的革命生涯中，刘伯承留下了 390 万字的军事著作和 190 万字的翻译作品。在战火纷飞的年月，失去右眼的刘伯承竟有如此众多著作，让人难以思议。

刘伯承翻译苏联军事著作，首先是把原文吃透，再根据中国人的阅读习惯重新翻译出来，好些军事术语还是他独创的，如“混成旅”，当时部队开始合成，一个旅有步兵骑兵还有炮兵，有人按外文字面的意思直译为“杂种旅”，而刘伯承翻译成“混成旅”；再如“游击战”，这词据说来源于西班牙语，外国人把游击战叫“黑猩猩战”，因为在丛林中作战，作战方

正在工作的刘伯承

式就像黑猩猩，讲究快速突然的袭击。刘伯承将“黑猩猩战”翻译为“游击战”；另外还有“司令员”“炊事员”等。

1. 校友之间的争论

苏军中将罗哈里斯基曾经是刘伯承在伏龙芝军事学院的同学，后来他成为伏龙芝军事学院院长。20 世纪 50 年代初，罗哈里斯基到中国任中国军事院校总顾问，当时刘伯承是院长。在罗哈里斯基为首的苏联顾问及专家的协助下，刘伯承领导军事学院借鉴伏龙芝军事学院的组织体制，以正规化、现代化为目标，逐步建立队列生活、行政工作、训练工作三大制度，先后设立训练部、军事科学研究部、政治部、干部部、队列部和物质保证部等六部三处，以及一个演习用的教导团。学院学员从最初的高级速成、上级速成、基本和情报四个科 750 多人，发展到 1956 年的战役、战史、高级速成、高级函授、政治速成、基本、情报、海军、空军、炮兵、装甲兵、化学兵等 12 个系 3000 余人，教员、译员也从 290 人增至 1300 多人，成为名副其实的综合性高等军事学府。

罗哈里斯基与刘伯承在战略战术上有过许多讨论，特别是针对在一个大的战役中，应该先集中打强敌还是打分散弱敌，两人各有看法。罗哈里斯基认为，根据苏联卫国战争的经验，应集中打强敌，强敌失势，弱敌会望而生畏，不战而退；而刘伯承认为，先打强敌符合苏军情况，但不一定适合我军现有装备条件下，我国国力还不雄厚的情况，主张还是要采

取先打弱敌的办法，才能克敌制胜，当时有的同志主张不妨先按顾问说的试一试，刘伯承则认为："这个问题不是一个简单的学术问题，关系到我军训练方向，关系到未来战争的性质，和我军向何处发展的原则问题，在这一点上，我们不能跟着人家屁股后面跑，专家的工作由我来做。"

刘伯承像

后来刘伯承列举了古今中外大量战役、战例，反复与罗哈里斯基切磋、研讨。从中国的孙子、德国的克劳塞维茨，谈到俄国的苏沃洛夫等世界许多著名军事家的事迹。刘伯承也用夹带四川乡音的俄语不时地回答罗哈里斯基的问话。刘伯承不仅深谙《孙子兵法》，熟知克劳塞维茨的《战争论》，还熟知苏沃洛夫的军事法则和著作《致胜的科学》的全部内容。这使罗哈里斯基大为叹服，结合我军红军时期照搬外国经验，打"堂堂之阵"，同强敌拼消耗，给中国革命带来的重大损失，罗哈里斯基终于承认自己观点脱离当时中国实际。探讨结束后，罗哈里斯基不无感慨地对刘伯承说："刘，你我虽然都毕业于一所军校，但我只学了原理，而你却把学到的原理变成了中国自己的东西，这次争论我失败了。"其实罗哈里斯基并不了解，刘

伯承对军事的探索更多来源于中国革命几十年的斗争实践。

后来，罗哈里斯基奉命回国，一直怀念刘伯承，怀念在军事学院工作期间与刘伯承结下的深厚情谊。

2. 一幅精美的地图

在伏龙芝军事学院的荣誉馆里悬挂着一幅十分精美的“南京市立体模型地图”，图幅较大，约有 2 米 ×3 米，是 20 世纪 50 年代初中国江苏南京地区的航拍地图，图中将地形依照比例用精选毛绒做了黏结,立体感很强。南京地区的主要地势、地物都清晰逼真地展现出来。图幅的中心，突出标示的是南京军事学院。右边框上印着“请尼·安·谢辽夫金·拉兹里斯基将军转赠苏军伏龙芝军事学院”的字样,下边框中写着“中国人民解放军元帅刘伯承赠送”。

刘伯承为什么要给伏龙芝军事学院赠送这样一幅地图？这里还有一个故事。1950 年，刘伯承在南京创办南京军事学院时，伏龙芝军事学院曾经专门派了一个专家顾问组帮助其建院事宜。刘伯承和苏军代表合作得非常愉快，彼此建立了互相理解和互相信任的深厚感情。当担任苏军顾问组组长的拉兹里斯基将军即将离任回国之时，刘伯承特地请人精心制作了这一幅地图，作为南京军事学院的礼品，请拉兹里斯基将军转赠给自己的留学地——伏龙芝军事学院。

60 多年过去了，这幅象征着友谊的精美地图，依然悬挂在那里。

二、黄埔军校和伏龙芝军事学院的优秀生——左权

左权（1905—1942），中国伟大的无产阶级革命家、军事家、中国工农红军和八路军的高级将领，1925 年加入中国共产党，同年 12 月赴苏联学习，1934 年参加长征，1936 年任红一军团代理军团长。抗日战争爆发后，他历任八路军副总参谋长、八路军前方总部参谋长，协助指挥八路军粉碎日伪军“扫荡”，取得了百团大战等许多战役、战斗的胜利。1942 年 5 月，日军对太行抗日根据地发动大“扫荡”，左权指挥部队掩护中共中央北方局和八路军总部等机关突围转移，不幸壮烈殉国，年仅 37 岁。周恩来称他“足以为党之模范”，朱德赞誉他是“中国军事界不可多得的人才”。为纪念左权，晋冀鲁豫边区政府决定将辽县改名为左权县。

左权像

1927 年 9 月，左权进入伏龙芝军事学院学习。按照苏联的规定，凡是进入这所学院学习的人，必须具有较高的军事素质，一般是团职以上的干部。对此左权早有所闻，但他还是想能够直接进入伏龙芝军事学院学习。于是，左权向学校

方面提出申请。学院领导在了解到左权的这一迫切愿望后，根据其出众的才华和担任过基层指挥官的经历，作为特例，批准其进入该校学习。与左权一起进入伏龙芝军事学院的还有陈启科、屈武、黄涤洪等，后来刘云和刘伯承也先后来到这里学习。

左权一进伏龙芝军事学院校门，迎面就有两条标语赫然入目，一条是："脱离理论的实践是瞎实践，脱离实践的理论是瞎理论。"另一条是："一切战术要适合一定的历史时代，如果新的武器出现了，则军队的组织形式和指挥也要随之改变。"

左权非常欣赏这两条标语，将它们抄录在笔记本上，作为自己治军作战的座右铭。

伏龙芝军事学院开设的课程主要有战略、战史（第一次世界大战史、苏联内战史）、军事地理、俄文等。左权的学习也更加系统、更加深入。无论是课堂学习、图上作业，还是野外演习，左权表现得都比别的同学扎实细心，受到教员的重视。在伏龙芝军事学院，左权与同班同学刘伯承结下了深厚的友谊。刘伯承是著名的川

左权在苏联时的留影

中名将，有丰富的军事实践经验。共同的理想把这对憨厚、直爽的汉子连在一起，他们不仅志同道合，而且在学习中互相帮助，取长补短。特别是对军事理论问题，两人更是兴趣十足，既一起学习研究了《战争哲学》《当代集团军战役特点》《现代战术》《军事学术》等军事理论著作，又系统地译读、掌握了苏联红军战斗条令、司令部组织指挥以及正规战、游击战等战术理论。他们还共同浏览了十八、十九世纪世界著名军事家拿破仑、苏沃洛夫等人的著作。

在伏龙芝军事学院，左权显露出过人的军事才能。刘伯承回忆道："凡教员指定的参考书籍，必一一阅读，并以红蓝铅笔标出要点，所以在军事、政治考试中，常能旁征博引，阐其旨趣。"左权是得到战术指导员表扬最多的学员。

左权常说："要革命，就要抓枪杆子，光有叶挺、贺龙远远不够，我们都要争做军事人才，回国后学以致用，做出一番成绩。"

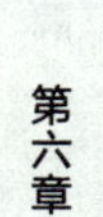

左权进入伏龙芝军事学院学习的时候，该院的组织结构刚刚调整，分为基本系、东方系、供应系和工农红军高级指挥人员进修班。伏龙芝军事学院开设的课程主要有：战略思想、战术教程、第一次世界大战史、俄国内战史、军事地理、马列主义理论和俄语等。课程通常由工农红军参谋部和政治部、各特种兵司令部的司令员和部门首长负责讲授。伏龙芝军事学院非常注重培养学生的自学精神和单独解决问题的能力，在课程的安排上也体现出了由易到难、由浅入深的教学规律。学院规定的上课与自习的时间比例为:一年级是 1 ∶ 1;二年级是 1 ∶ 1.5;三年级是 1 ∶ 2。

按照伏龙芝军事学院教学大纲的规定，左权等人在一年级主要学习各种战术，完成团职军官所需要的军事知识；二年级学习合同战术，完成师职军官所需要的军事知识；三年级学习的是有关战略的各门课程，完成军职军官所需要的军事知识。学院教员的教学水平比较高，教学态度也是相当认真的。在这种严谨治学环境的熏陶下，左权更加善于独立思考和解决问题，从而也逐渐培养出遇事沉着、刚毅果断的性格。

左权学习非常认真、刻苦。无论是课堂学习、图上作业，还是野外演习，他都专心致志，一丝不苟。因而，左权在伏龙芝军事学院的学习成绩优异，尤其是野外战术作业，更加出色。

在伏龙芝军事学院学习期间，左权系统地学习了许多近代和现代军事家的著作，学习了苏联红军的各种条令、司令部的组织指挥、军区和野战部队的建设以及正规战、游击战的战略战术。在学习中，左权非常注重学习方法，而不是死记硬背书本上的那些条条框框，他善于从研究战争的历史着手，从中来理解战争的本质，悟出有关战争的规律、作战的原理和原则。左权对 19 世纪普鲁士王国军事理论家克劳塞维茨所写的《战争论》一书极为推崇。他在读这本书时，根据克劳塞维茨在书中所揭示的方法，从研究战争史入手，用历史的事实来证明理论的正确性，使理论观念与战争实际相结合，使自己从中获得了不少的经验和教训。通过在伏龙芝军事学院的学习，左权在政治上、军事上大大开阔了眼界，其理论水平和军事素养也得到了明显提高，为其以后回国参加革命斗争奠定了坚实的基础。

军校的生活既紧张也活跃。在学习之余，左权常与同学们聚在一起吃中餐，聊天。他自己也没有想到，一顿普通的聚餐，会惹上一生的麻烦。

有一天，从莫斯科中山大学毕业，准备前往列宁格勒托玛卡红军军政学校学习的蒋经国，听说老同学孙冶方当翻译每月有收入，就开玩笑说他是“大富翁”，约了几个同学去敲他的“竹杠”。左权也应约来到孙冶方的住处。十多名新老同学在孙冶方的住处，一边动手做菜，一边说说笑笑，气氛非常融洽。哪知道从窗外经过的人听到房内说话声叽里呱啦，多为江浙口音，便向其他同学们说董亦湘、俞秀松等江浙人正在孙冶方房间里，好像在开“江浙同乡会”。

言者无心，听者有意。这位同学的话立即使有的人“革命警惕性”大发作，忙去告诉王明。王明一听，联想到俞秀松、董亦湘、孙冶方、蒋经国这帮江浙人不买自己的账，此时正好一网打尽，于是一方面添油加醋向共产国际东方部副部长兼中大校长米夫汇报，一方面指使几个亲信到处散布流言。米夫让王明告知中共莫斯科支部局和格别乌（克格勃前身），派人会同学校审查。

天降大祸，左权被王明诬蔑为“江浙同乡会”的“卫士”，他莫名其妙，急忙找组织说明原委，然而越辩解，越被认定真有这个组织，他是其中一员。1928年4月，已内定为中共中央总书记的向忠发前去中山大学讲话。他以工人阶级大老粗自居，听信王明一面之词，破口大骂“江浙同乡会”是“反党小组织”“与蒋介石有勾结”，提出要消灭小组织，对核心人物要“予以严厉的制裁”，对积极分子“应开除党籍或留党察看”。左权等人遭受不白之冤，不断向共产国际和中共代表团申诉，要求调查。1928年秋，上级经过审查，确定不存在所谓“江浙同乡会”组织，但在作结论时还是挂了个尾巴，说是部分同学有感情的结合，“这种结合发展下去是对党不利的”。结果，在1929年底苏联清党运动中，王明以此为口实向斯大林进谗言，把俞秀松等人抓起来了，一些人也莫名其妙地“消失”了，左权被批评为“行为不检”，给予党内警告处分。

左权百口莫辩，决心在战场上证明自己的清白。1930年，左权写信给大哥：“我虽回国，却恐十年不能还家，老母养赡，托于长兄，我将全力贡献革命。”

根据伏龙芝军事学院的安排，左权等中国班的6名学员于1930年6月毕业。经过一阵焦急的等待之后，左权等人终于等到了回国的命令，便与刘伯承等人坐上开往符拉迪沃斯托克（海参崴）的列车，踏上了回国之路。

伏龙芝军事学院三年多的学习生活，对左权的一生有着非常重要的影响。在这三年之中，左权通过刻苦学习，不仅攻克了俄文的语言关，而且掌握了丰富的理论知识，为其回国后在革命战争中充分展示自己的军事才华、逐步走上我军高级指挥员的领导岗位，奠定了良好的基础。

左权一生最幸运的是他曾经就读于伏龙芝军事学院以及中国黄埔军校，接触到了当时世界上最先进以及具有中国特色的军事理论。然而，不幸的是，这位杰出的军事人才却过早地牺牲在中国抗日的疆场上，给中国革命留下了永久的遗憾。

三、智将刘亚楼

刘亚楼（1910—1965），原名刘振东，福建省武平县客家人，1929年8月加入中国共产党，同年底参加红军，无产阶级革命家，军事战略家，中国人民解放军空军上将，中国人民解放军第一任空军司令员。抗战时期与解放战争时期屡立奇功，有“智将”的美誉。

刘亚楼

1938年刘亚楼赴苏联伏龙芝军事学院学习。解放战争时期，任东北野战军参谋长。新中国成立后任空军司令员。1955年被授予上将军衔。

1. 赴苏留学

1938 年 4 月初，正值抗战形势日趋紧张时，罗瑞卿通知刘亚楼进伏龙芝军事学院深造，这使他十分意外又十分高兴。

毛泽东和中共中央选派刘亚楼等一批高级将领赴苏学习，足见高瞻远瞩。临行前，毛泽东希望他们多学军事，少学政治。他相信他们能够克服困难，完成任务。

刘亚楼赴苏，除学军事外还负有另一使命，毛泽东嘱他到苏后设法和共产国际沟通，汇报中国共产党的历史情况和现实状况，还让他带上《矛盾论》等一些反映中国共产党把马列主义理论与中国革命实践相结合的文著，当面交给苏共总书记斯大林和共产国际总书记季米特洛夫。刘亚楼所负的这条使命，有的党史专家称之为“沟通共产国际的第三条途径”。

1938 年 4 月下旬，刘亚楼离开抗大，告别延河水和宝塔山，与卢冬生、杨至成、谭家述、钟赤兵等先后经新疆出境，踏上了负笈求学的行程。

1939 年初，中国共产党这群朝气蓬勃的年轻将领正式成为伏龙芝军事学院的学生，这是刘亚楼人生的第二所大学。

刘亚楼等红军将领受派赴苏后，因交通不便，又是秘密出国，沿途要躲过国民党的层层盘查，所以途中耽搁了一个多月。

几个人先从延安坐汽车经西安到兰州，在八路军驻兰州办事处处长伍修权的安排下，扮装成商人或其他身份人员，然后想办法弄到去迪化（今乌鲁木齐）的飞机票。由新疆出境非常麻烦，只好等苏联给新疆送货的汽车返回时偷偷藏在车厢里，乘夜开出边界，就这样历尽千辛万苦，几经周折来到了莫斯科。

在莫斯科，刘亚楼见到了中共驻共产国际代表王稼祥和在那里养病的贺子珍等人。当年长征途中，贺子珍等女红军是跟随红二师行动的。异地逢故知，大家都十分高兴。

一行人先被安排住在莫斯科郊区孔策沃一座别墅式的建筑里，这里曾是共产国际的附属党校，现在专门用来接待从中国来的同志。时隔不久，刘亚楼他们又搬到一个叫库契诺的庄园式建筑里。这里有一座米黄色的两层楼房，另外还有两栋小楼，四周是高墙，墙外是大片森林，环境幽雅。伏龙芝军事学院专门为中国同志开设了一个特别班，分政治班、军事班，学习的内容有战略学、战役学、战术学，有进攻战、防御战指挥的原则与艺术，有大兵团联合作战的组织与指挥。

当时的伏龙芝军事学院要求学员必须具备高中以上文化基础，而刘亚楼初中还没有读完，于是，不得不从数、理、化补习起。大量的公式、定理需要背记，大批的作业需要完成，他感到学习的繁重和艰难。然而，最困难的是语言问题，走进饭堂，食谱、菜谱都是用俄文写的，他看不懂，只得用手势比划。结果，想得到的食品要不到，不喜欢吃的东西却送来了。好在服务员都很热情，他们不仅一次次把指点的物品拿来拿去，而且还纠正他的发音，直到学会了刘亚楼想要买的那件物品的俄语发音时才让他离开。

2. 难忘的语言苦头和误会

有一次，刘亚楼因患急性阑尾炎进了医院。当时，苏联的药品尤其是麻醉药品十分缺乏，但为外籍友人开刀的必需药品还是有保障的。手术前，医生征求意见，问他："是否需要麻醉？"刘亚楼听不懂，瞪着眼没有反应。医生只好边说边比划。但麻醉和不麻醉是很难用手势比划清楚的。刘亚楼一会儿点头，一会儿又摇头。医生也懂得摇头不算点头算，以他最后的摇头为准，把他推进手术室，消毒后，开始给他剖腹切除发炎的阑尾。刘亚楼疼痛难忍，双手紧拉护士的胳膊，豆大的汗珠从额头落下来，硬是在没有麻醉的条件下完成了手术。在场的医生和护士都佩服他的顽强、坚毅和果敢，用生硬的中国话说："中国人，了不起！"这六个字刘亚楼听清了，一颗硕大的带着腥味的苦果就这么吞下去了。

刘亚楼躺在床上无聊，想看书，但枕头太薄。这时正好来了个女护士，于是他唤住她说需要两个枕头，请护士帮助。但护士听不懂汉语，他不得不打手势，比划着两个枕头，白天好看书，夜间好睡觉。而护士却误解了他的意思，以为他是要她一起两个人睡觉，于是哭哭啼啼跑去向护士长报告。护士长也不懂汉语，她责怪刘亚楼"为什么这般无理！"刘亚楼边说边比划，而护士长从他比划的手势里确认要女护士和他一起睡觉的意思准确无疑。

“官司”打到了院长那里。院长粗通汉语，他到病房听了刘亚楼的说明，又看了他比划的手势，向护士说：“请拿一个枕头来！”误会消除了，护士们都不好意思地笑了，而刘亚楼却笑不起来。这时他才真正体会到语言问题在异国他乡成为他生活和学习的最大障碍，他发誓一定要攻克这个堡垒。

出院后，刘亚楼以顽强的毅力和拼搏的精神投入一场新的战斗。他每天坚持早起晚睡，背诵俄语课文，默写俄语单词。几乎所有的休息日都用在学习上了。功夫不负有心人，经过半年多时间，刘亚楼已能自如地应用简单的生活用语，并能用俄语口答、笔写一般的问题，为进一步的军事理论学习打下了基础。

政治理论、战术理论等课程层次高、系统性强，学起来并不容易，而且从第二学期开始，以年级为单位上课，教员要在限定的时间内把规定的内容讲完，这对刘亚楼等几个俄语基础不好、俄文记录速度不快的学员来说，又增加了一定的困难。他们不得不在课后用大量的时间整理笔记、拾遗补漏，这样用于翻阅其他参考书籍、消化理解课题理论的时间就不多了，影响了学习效果。对此，刘亚楼以延长学习时间、提高俄语水平来弥补。终于，他以较好的学习成绩完成了第一学年的学习任务。

进入第二学年，刘亚楼对俄语已能熟练掌握，课堂用俄文记录的速度已能适应学习的要求，课后不再整理笔记而有了较多的时间阅读参考材料和有关书籍，并能超越教员指定的阅读范围，在图书馆里涉猎更多的学术专著。在广泛的阅览中，丰富了知识，开阔了视野，提高了军政理论水平。同时，在教员的指导下，他完成了大量的作业想定，参加了学术研究和课题演练。在合同战役战术想定中，刘亚楼已能恰当地分析判断情况、定下决心；在军事学术讨论中，刘亚楼系统而有重点地对战役战术思想的表达常常受到同学们的称赞；在课题推演中，刘亚楼善于谋略、富于组织等方面的聪明才智开始显露出来，并得到教员的赞赏。

3. 准确预测德军进攻方向

1941 年春，德军在征服北欧、西欧诸国后，开始加紧完成入侵苏联的“巴巴罗萨”计划。

这期间，正在苏联伏龙芝军事学院学习的刘亚楼和林彪等各国将领一起参加了共产国际总书记季米特洛夫组织的第三国际军事人员的有关活动，讨论德军届时进攻苏联首都莫斯科的主攻方向。很多国家的将军赞同苏军最高统帅部的看法，认为希特勒进攻莫斯科的路线，必定沿着南部乌克兰和顿涅茨河流域东进，以占领经济作物地区，掠夺乌克兰的粮食、顿涅茨河流域的煤矿、高加索的石油，借此切断苏联的经济命脉；再者，德军占有这些最重要的资源，就可进行长期的大规模战争。

刘亚楼认真研究了各种情况后认为，乌克兰、顿涅茨河流域这样一个农田、水网遍布、土质松软的经济作物地区，不可能是以机械化部队为主的德军选取的主要进军路线，希特勒将选择白俄罗斯作为进攻莫斯科的最佳线路，因为那里土壤坚固，至莫斯科距离最短，适合德军的摩托化部队的展开，这也符合希特勒一贯的闪电战作风。

刘亚楼的分析和看法得到林彪的认同，通过第三国际传给苏军统帅部，却被束之高阁。

1941 年 6 月 22 日拂晓，希特勒在苏联边境西部一千多公里的宽大正面发起了蓄谋已久的苏德战争，以北方、中央、南方三个集团军群分别向列宁格勒（今圣彼得堡）、莫斯科、基辅方向实施闪电式攻击。其中莫斯科一路集中了五十多个师和最精锐的坦克、摩托化部队，循白俄罗斯方向杀将过来。苏军因判断失误等原因而猝不及防，前线败绩纷呈。

这段经历更加深了林彪对刘亚楼的了解，认为刘亚楼不仅可做军政主官，还可做一名出色的参谋长。

4. 在苏军中实习参加斯大林格勒保卫战

1941 年 9 月底，德军中央集团军群向莫斯科发起了代号为“台风”的攻势。

正当刘亚楼和伏龙芝军事学院的学员们摩拳擦掌，随时准备奔赴前线时，传来命令：中国同志集中莫斯科，暂住《消息报》报社对面的莫斯科旅馆，着手安排回国。

斯大林格勒会战

十多名中国军队干部由苏军少校乔尔诺夫护送，从莫斯科坐火车一路向东奔驰。10月到达蒙古人民共和国首都乌兰巴托，准备从这里通过边界，然后通过党的交通站转回延安。不料，这条交通线已遭破坏，日伪军对边界封锁甚严，难以通过。

十几个人被困了一个多月后，经紧急联系，有关方面同意林彪坐飞机先行回国。他是国民革命军第一一五师师长，可以公开回去，其他人员不能暴露真实身份，只能另想办法。

滞留在乌兰巴托的中国同志先是住在苏联大使馆安排的馆舍。时间一长，供应发生困难，乔尔诺夫少校也无能为力了，要他们在不暴露身份的前提下，自谋生路。于是，李天佑帮人养兔子，杨至成去一家农场干苦力，长征途中失去一条腿的钟赤兵到剧院当卖票人。刘亚楼和卢冬生因为俄语好，参加苏联红军当了参谋。

1942年夏天开始的斯大林格勒会战，是苏德战争和第二次世界大战的转折点。刘亚楼参加了这次残酷的交战，他的苏联名字叫萨莎，军衔少校。

严寒很快降临，刘亚楼向苏军指挥部建议：德军没有过冬准备，冻死冻伤不少，战斗力日渐衰弱，为利用冬季大规模聚歼德军装甲机械化部队，苏军必须发挥适应严寒作战、具有快速机动作战能力的各兵种优势。首先出动战机掌握制空权，打击德军空中力量，掩护轰炸机扫平地面进攻的障碍，而后以装甲部队为先导，以西伯利亚骑兵和高加索滑雪部队快速跟进，实施陆、空协同作战。

接下来的几次战斗证明了这种战法的切实可行。苏军高层对他刮目相看，多次动员他加入苏联国籍，但都被刘亚楼谢绝了。

1943 年 2 月，持续六个多月的斯大林格勒大会战胜利结束。

由于不能顺利回国，经中共中央同意，苏军领导机关安排刘亚楼到苏联远东军区实习。1943 年夏，刘亚楼来到伯力（哈巴罗夫斯克），在军区机关担任见习参谋（苏军规定外籍军人只能当参谋不能当主官），不久受命指导驻伯力郊区的第 88 步兵旅的工作。

苏联远东方面军第 88 步兵旅又名抗联教导旅。1940 年以后，东北抗日联军在日寇残酷的军事包围和经济封锁下，进入最艰苦的斗争阶段，部队锐减到一千人左右。1942 年 8 月，抗联主力转移到苏联远东边疆，改编为野营教导旅，周保中任旅长，李兆麟任副旅长，朝鲜人崔庸健（后曾任朝鲜国家副主席、委员长）任政委。当时，金日成任第一营（独立步兵营）

大尉营长（后升少校）。

8年的学习和实习生涯，刘亚楼尝尽了酸甜苦辣，经受了严格的磨炼，付出了艰辛的劳动，获取了丰富的军事科学知识和现代条件下指挥作战的艺术，充实了进一步为党和人民工作的资本。

1946年6月，根据中央决定，经东北局副书记、东北民主联军政委罗荣桓推荐，中央军委批准，学成归国的刘亚楼出任东北民主联军参谋长，兼任东北民主联军航空学校校长。1948年1月任人民解放军东北军区兼东北野战军第一参谋长，中共中央东北局委员、军委会东北分会委员，同年12月任天津前线指挥部总指挥。他先后参与指挥夏季攻势、秋季攻势、冬季攻势、辽沈战役，提出四组一队战术；平津战役期间，刘亚楼指挥第四野战军14兵团解放天津。

四、终生为后勤奋斗的杨志成

杨志成（1903–1967），贵州省三穗县人。1926年入黄埔军校学习，同年加入中国共产主义青年团，1927年转入中国共产党。曾任国民革命军第二十军连指导员。参加了南昌起义和湘南起义。土地革命战争时期，任中国工农红军第四军二十八团一营连长，井冈山留守处主任，红四军、红十二军副官长，红军大学校务部部长，红军总兵站站长，军委总供给部部长兼政治委员，军委先遣工作团主任，红一方面军后勤部部长，黄河两延卫戍司令员。参加了长征。抗日战争时期，任中国人民抗日军政大学校务部部长。1938年赴苏联入伏龙芝军事学院学习。1946年回国。

杨志成

解放战争时期，杨志成任东北民主联军总后勤部政治委员，东北人民解放军军需部部长，华中军区军需部部长。中华人民共和国成立后，任中南财经委员会委员，中南军政委员会轻工业部部长，中南军区后勤部部长，中南军区第一副参谋长，中国人民解放军武装力量监察部副部长，军事科学院副院长兼院务部部长，高等军事学院副院长。1955年被授予上将军衔。是第二、三届国防委员会委员，第三届全国人民代表大会常务委员会委员。

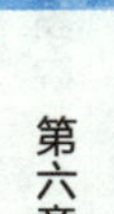

长征到达陕北后，杨至成先后任中国工农红军陕甘支队后勤部长、红一方面军后勤部长。后勤物资的保证使东征战役和西征战役取得了胜利。1937年6月，杨至成任黄河两延卫戍司令员，担负起了建设陕甘宁边区与保卫党中央的重担。

1938年6月，根据党中央的决定，长期带病坚持工作的杨至成和一批同志到苏联治病、学习，先后在共产国际远东局党校、伏龙芝军事学院进行理论上和军事上的深造，系统地学习了《联共（布）党史》《政治经济学》《西方近现代史》及战略学、战役学、战术学、后方勤务学等，还参观、考察苏联的社会主义建设，使他从内心感到要建设一支正规化的高素质的军队，就必须有高素质的人才，而要培养高素质的人才，就必须要有正规化的高水平的培训基地，军事院校就是重要的基础设施。他在笔记中写道：我国是一个贫穷落后的农业国家，革命胜利后要进行社会主义建设，没有先进的、有规模的工业，是绝对不行的。这对长期从事后勤工作的他来说是一种理论上的升华，对他以后继续从事后勤工作和军事教育工作打下了坚实的基础，也增强了他对中国革命必胜的信心。

1946 年 1 月，赴苏学习达 8 年之久的杨至成回国，先后担任东北民主联军后勤部政委、东北人民解放军军需部部长。为适应解放战争时期以运动战、阵地战、攻坚战为主，战争规模大、后勤战略物资消耗量大的特点，杨至成认为，没有充足可靠的、源源不断的后勤战略物资作保障，就无法保证战争的胜利。他常常告诫下属工作人员："我们名为后勤，其实有些工作要做到前面去，只做到'兵马未动，粮草先行'已经是不够了。现在打仗，后勤有时还得起先锋官的作用。"因此，他狠抓后勤建设和后方基地的发展，建立了一大批军工企业。他还经常深入前线，进行调查研究，并把自己长期搞后勤工作的经验及留苏学习的理论同战争实际相结合，逐步向后勤工作的现代化、正规化目标迈进。充足的后勤战略物资的保障为辽沈战役及东北解放战争的胜利提供了物质保证。为此，1948 年 12 月在河北省平山县西柏坡召开的全军后勤工作会议上，杨至成领导下的军需生产工作受到毛泽东、周恩来、朱德同志的高度评价。

东北解放后，东北野战军（四野）入关，先后进行了平津战役和进军中南的战斗。杨至成先后任华中军区军需生产部部长、中南军政委员会委员、财经委员会委员、轻工业部部长、中南军区后勤部部长等职，建立了几十个军需工厂、仓库、医院和学校，帮助地方接收、巩固和筹建了几十家工厂企业，保证了军队的后勤供应，支援了全国的解放战争，为中南六省后来的剿匪建政和抗美援朝战争的后勤供给创造了物质条件。在抗美援朝的三年中，仅中南军区后勤部就先后为中国人民志愿军抽调组建后勤保障机构 50 多个、50000 多人，同时调运各种军需物资 27 万多吨，为抗美援朝战争的胜利作出了突出的贡献。

一、伏龙芝军事学院名言

舍我其谁！

我们不要别人的一寸土地，但我们自己的土地，一寸也不给别人！

二、名人语录

1. 伏龙芝语录

– 任何战术都只适用于一定的历史阶段，如果武器改进了，技术有了新的进步，那么军事组织的形式、军队指挥的方法也会随着改变。

– 坚信自己和自己的力量，这是件大好事，尤其是建立在牢固的知识和经验基础上的自信，但如果没有这一点，它就有变为高傲自大和无根据地过分自恃的危险。

– 战略是军事学术的最高概括，不仅要考虑到诸如军队数量这样的纯军事因素，而且要考虑到政治性的因素。

– 指挥员的本领就是善于从他所掌握的五花八门的手段中，采用当时当地收效最大的手段。

– 进攻永远会震撼敌人的心理。

– 掌握主动的一方，拥有突然性因素的一方，常常能打破敌人的企图，从而给自己创造比较有利的条件。

– 如果军队不能具备一些新式兵器，则军队应该知道这些兵器，必须在思想上和心理上加以训练，使之不致因这种兵器的使用而惊慌失措。

– 一个指挥员不仅应该是一个很好的军事专家和组织者，而且应该是一个优秀的教员和教育者。

2. 朱可夫语录

– 假如我知道前进的路上有雷区，我也会让部队直接开过去。

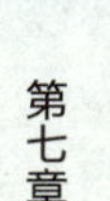

– 不是列宁格勒惧怕死亡，而是死亡惧怕列宁格勒！

– 我可以做任何工作，指挥一个师，一个军，一个集团军，一个方面军——只要祖国需要。

– 人员、武器、军事思想——这是一支军队的三个基本要素。

– 以尽快的速度，向一切可以推进的地方前进！

– 如果你们不会，我们教你；如果你们不想学，我们强迫你学；总之，你要成为一名优秀的坦克手。

– 当其他条件相同时，赢得大规模会战乃至整个战争的是这样的军队，人们往往具有不屈不挠的夺取胜利的意志，了解作战的目的，意志坚定，忠于指引他们的战斗的旗帜。

– 军人的生命应该属于祖国。

3. 科涅夫语录

– 决心为部队的全部行动，为你下达的命令的全部后果承担责任——不论有多危险，也不论结局如何——这就是指挥员坚强意志的首要的、也是主要的标志。

– 战争行动的结果是判断战役计划和决心正确性的一个最好的准绳。

– 光拥有强大的兵器是不够的，应当善于正确地加以运用。

– 决心的深刻理论根据，行动的突然、大胆、快速，这是战役胜利的基本条件。

4. 崔可夫语录

– 要想挫败敌人的进攻计划，只有采取积极防御，也就是攻势防御。

– 战斗中需要大胆果敢的精神，正如飞禽在空中需要翅膀一样，是须臾不可缺少的东西。

– 敌人只能踏着我们的尸体前进，而苏军是杀不完的。

5. 扎哈罗夫语录

– 对危险的反应是人的本能，但是，有的人遇到危险就惊慌失措，不能自制，而另一些人则因危险而激发起战斗激情。军人的意志就是要在战场上夺取胜利。战士应在自己的头脑和心中始终保持着胜利的信念，必须把战士的自觉性引导到这个主要方面上来。

6. 巴格拉米扬语录

– 我们应该学会同聪明而强大的敌人打仗。只靠喊“乌拉”是无法制服它的。

7. 布琼尼语录

– 时刻保持戒备，像爱护眼珠那样爱护我国的国防能力，应该成为军人生活的准则。

8. 罗科索夫斯基语录

– 沉着、镇静和尊重部属，是每个首长必须具备的品德。

9. 刘伯承语录

– 我们打仗，就是要先捡软的打。你要先打硬的，打不下来，结果那些软的也变成硬的了。先打软的，软的消灭了，结果那些硬的也变成软的了。

– 斗志和斗法（战术）是用兵的把柄。

– 寻找敌人的弱点，如其没有弱点，那就要创造敌人的弱点。

– 没有平时很好的练兵，战时就不能很好的用兵，犹之手中没有积蓄的钱，就无钱可用。

– 治军必先治校。

– 离开实际的理论是死理论，离开理论的实际是瞎实际。

– 为人民立功，光荣得很。

– 思想斗争的开展是培养正气压倒邪气。

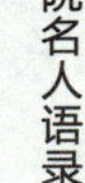

– 尊师重道，虚心学习。

– 切不可教条主义地按本宣科。

– 在战略上是打强的，在战役、战术上是打弱的。

– 学习一般的军事理论，尤其是关于现代战术，应从自己经验中考证其中的结论，吸取那些用得着的东西，拒绝那些用不着的东西，创设那些自己所特有的东西。

– 即使是正确的理论，也只能当作行动的指南而不能当作教条。

附 录

一、不许后退一步[①]

在斯大林格勒会战中，伏龙芝军事学院的毕业生经受住了严酷的考验，为苏军取得这一胜利贡献了全部力量和技能。可以说，斯大林格勒战线各集团军编成中的 38 个师，有一半以上是由伏龙芝军事学院毕业的军官和将军指挥的。伏龙芝军事学院毕业生崔可夫中将指挥的第 62 集团军部队，在斯大林格勒会战的防御交战中完成了许多艰难的任务，表现出高度的坚定性和集体英雄主义。1939 年以优异成绩毕业于伏龙芝军事学院的近卫步兵第 13 师师长罗季姆采夫少将是保卫城市的英雄之一。该师实施了勇敢而坚定的防御，尔后将敌人赶出市中心，在马马耶夫岗击退敌人的进攻。伏龙芝军事学院毕业生——著名的坦克和步兵兵团指挥员克拉夫琴科、沃利斯基、布特科夫、戈罗霍夫、柳德民科夫等在斯大林格勒史诗般的战斗中占有重要位置。

在斯大林格勒会战最关键的时刻，为了增强斯大林格勒守军的斗志，斯大林于 1942 年 7 月 28 日发布了第 227 号命令，

① 摘自http://blog.sina.com.cn/s/blog 873c323d01ooxjd4.html.

凡是不服从命令而离开战斗岗位或者撤退的军人都将被枪毙，并严厉要求苏联红军部队“绝对不许后退一步！”

苏联国防人民委员会第 227 号命令

敌人不顾惨重损失，向前线增派了新的力量并深入了苏联境内。敌人侵占我国领土，摧毁我们的城市和村庄，掠夺并屠杀苏联人民。在沃洛涅日、顿河及南部地区，在北高加索门户地区正在发生激烈的战斗。德国侵略者正向斯大林格勒和伏尔加河推进，并不惜一切代价妄图包围库班和北高加索以掠夺那里的石油和粮食。敌军已经占领了沃洛切罗夫格勒、斯塔罗贝尔斯克、罗索什、库布扬斯克、瓦卢伊凯、诺沃切卡斯克、顿河河畔的洛斯托夫和沃洛涅日一半的地区。我军南部前线的一部分部队在没进行真正的抵抗和在没有得到莫斯科命令的情况下，同那些蓄意制造恐慌的人一起，擅自撤离了洛斯托夫和诺沃切卡斯克。他们玷污了军旗。

我国人民是热爱并尊敬红军的，但是红军的表现却使人民感到沮丧,他们开始失去了对红军的信任。很多人咒骂红军，因为他们临阵向东脱逃，把人民置于德寇的铁蹄之下。前线的一些愚蠢的人散布言论自我安慰，说什么我军还可以继续向东撤退，我们还有广大的地区、大片的国土、众多的人口，我们还有足够的粮食。他们试图为在前线的可耻行为找借口。这些言论愚蠢至极，实际上是帮助了我们的敌人。

每一个指挥员、红军战士和政治委员应当清楚我们的资源不是无穷无尽的。苏联的国土不是一片沙漠，人民生活在这片土地上——他们是工人、农民、知识分子、我们的父母、妻儿和兄弟姐妹。敌人已经占领和试图要占领的苏联国土上有粮食和其他战略物资，如金属和工业燃料、工厂、生产武器弹药的军工厂，还有铁路。在乌克兰、白俄罗斯、各波罗的海共和国、顿涅茨克和其他一些地区相继失守后，我们控制的领土、人口、粮食、金属和工厂已大为减少。我们已失去了七千万的人口，每年失去超过八亿磅的粮食和超过一千万吨的金属。目前，同德国人比较，我们的人力储备和粮食储备已不占优势。我们如再撤退就意味着背弃自己，同时也背弃了我们的祖国。因此，诸如我们能无休止地撤退，我们有大片的领土，我国幅员辽阔、资源丰富、人口众多、我们总有足够的粮食等言论,必须被禁止。这些言论是错误的，危害极大。这些言论削弱了我们自己而有利于敌人。如果我们不停止撤退，我们将没有粮食，没有燃料，没有金属，没有原材料，没有工厂，没有铁路。所以我们的结论只有一个：是停止撤退的时候了。一步也不能撤！现在这是我们的口号。有必要坚守每一个阵地，每一寸土地，直到流尽最后一滴血来保卫苏联领土并坚持到最后。我们的祖国正经历着艰苦岁月。我们必须停止撤退，不惜一切代价反击并消灭敌人。德国人并非像恐慌制造者们认为的那样强大。敌人已经耗尽了他们的力量。顶住敌军现在的进攻就能保证我们在几个月内取得胜利。我们能顶得住敌人的进攻然后向西反攻敌人吗？是的，我们能，因为我们在边远地区的工厂还完好，并且我们的军队正在得到越来越多的飞机、坦克、大炮和迫击炮。我们缺少什么？在各级单位，连、营、团，在坦克部队和航空中队里，没有组织纪律。这是我们的主要弱点。如果我们要扭转局势、保卫祖国，必须在部队里建立最严格的组织和树立铁的纪律。不能容忍指挥官和政治委员允许部队擅自脱离阵地。不能容忍指挥官和政治委员允许恐慌制造者临阵判断局势而使其他战士临阵脱逃，从而使前线阵地落入敌手。应当就地处决恐慌制造者和懦夫。今后将用铁的纪律约束每一个指挥官、红军战士和政治委员——没有上级的命令，不许后退一步。各级单位的指挥官及政委——连、营、团、师——在无上级指挥官命令的情况下擅自撤退的，就是祖国的叛徒。这是祖国的号召。执行祖国的号召就是保卫我们的领土，拯救我们的祖国，消灭并打败敌人。在红军的打击下被迫冬季撤退的德军，其部队纪律曾一度松弛。德国人为重整军纪，采取了严厉的措施并收到了良好的效果。他们将那些在战场上因表现怯懦而触犯军纪的士兵们组织成100个戴罪立功连，并把这些连队投入到前线的危险地段，命令他们用血来立功赎罪。他们还将那些在战场上因表现怯懦而触犯军纪的军官组成10个惩戒营，取消了他们的勋章并把他们投入到前线更

危险的地段，让他们用血来将功赎罪。最后他们还设立了特殊分队，将这些分队放在表现不稳的部队后方，专门用来处决擅自撤退的逃兵和试图投降的士兵。据我们所知，这些措施是有效的，德军现在打得比冬天时好。现在的情况是这样，即：德军有良好的纪律，虽然他们没有保卫祖国的崇高目标，他们的目的只是要征服并掠夺另外一个国家；而我军有保卫处于危难中的祖国的崇高目标，但因为没有严明的纪律而导致失败。我们有必要效仿敌人吗，就像我们的祖先在过去向他们的敌人学习并取得了胜利？我认为有必要。

红军最高总指挥部命令：

1. 各方面军之军事委员会，特别是方面军指挥官应当：

a）绝对禁止部队中的撤退情绪，严禁诸如“我们还能继续东撤和撤退无害”等言论；

b）对那些在没有得到方面军上级命令的情况下，允许部队擅自撤离阵地的指挥官，要坚决革职并送上级军法处置；

c）在每个方面军组织 1~3 个（视具体情况而定）惩戒营（800 人），将那些因表现怯懦而触犯纪律的指挥官、高级指挥官和各级政治委员派到这些戴罪立功营，并把他们投入到前线的较危险地段以给他们机会用血来洗刷对祖国犯下的罪行。

2. 各集团军之军事委员会，特别是集团军指挥官应当：

a）对那些在没有集团军领导命令的情况下，擅自允许部队撤离手中阵地的集团军指挥官和政治委员，要坚决革职并

送交前线军事委员会军法处置；

b）在每个集团军的范围内，成立3~5个装备精良的防御分队（每队200人），把分队投入到不稳定部队的正后方，并要求他们就地处决恐慌制造者和懦夫，以防部队出现恐慌性撤退，只有这样，才能帮助部队里忠诚的战士为祖国尽忠；

c）在每个集团军的范围内，成立至多10个（视具体情况而定）戴罪立功连（每连150 ~ 200人），将那些因表现怯懦而触犯纪律的士兵和下级指挥官派到这些戴罪立功连，并把他们投入到各军的危险前线以给他们机会用血来洗刷对祖国犯下的罪行。

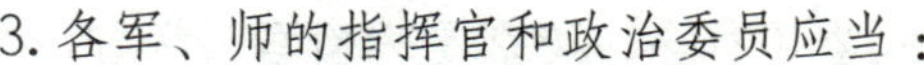

3. 各军、师的指挥官和政治委员应当：

a）对那些在没有军、师指挥官命令的情况下擅自允许其部队撤退的团、营指挥官和政治委员，要坚决革职并收缴他们的勋章，接管他们的指挥权，并且将他们送军事委员会军法处置；

b）全力帮助和支持集团军防御分队在部队中整肃军纪的工作。

此命令要在所有的连队、骑兵队、炮兵连队、空军中队、指挥部和指挥总部范围内朗读。

国防人民委员：斯大林

第227号命令极大地震动了苏军指战员，对部队的士气产生了巨大影响。它让每个军人在了解前线面临的严重局势的同时，加深了对这个严厉命令的正确理解。这个命令引起了苏军的强烈反响。每个战士、每个指挥员都深深地感到了对祖国、对人民应负的责任。的确，他们已经无路可退了。第 227 号命令鼓舞了前线将士的士气，激发了他们顽强拼搏的精神。德军的突击遭到了更加顽强的抵抗。

二、攻占柏林①

1945 年 4 月 21 日，主攻柏林的白俄罗斯第 1 方面军军事委员会对部队下发了如下号召书：

白俄罗斯第 1 方面军的士兵们、军士们、军官们和将军们！

亲爱的同志们！

战斗的决定时刻到来了。柏林，法西斯德国的首都就在你们面前，而在柏林之后，则是与盟军的会合和全面战胜敌人。注定要灭亡的德军残部仍在继续抵抗。德军统帅部搜刮尽包括老人和 15 岁的孩子在内的最后一点民众预备队，企图阻止我军进攻，以便使自己的灭亡拖延 1 小时。

军官、军士和红军战士同志们！你们的部队历来享有永垂不朽的光荣。不论是在斯大林格勒城下，乌克兰草原上，还是在白俄罗斯的森林和沼泽地上，对你们来说，都不曾存在障碍。在柏林地上的坚固筑垒也阻挡不住你们。

① 摘自《回忆与思考》，朱可夫元帅战争回忆录。

在你们——苏联勇士们——面前就是柏林。你们应当占领柏林，尽快占领它，以免敌人清醒过来。以我们的技术兵器的全部威力猛攻敌人，坚定我们的胜利信念，挖掘我们的全部智慧，决不能给自己的士兵荣誉和自己的战旗荣誉抹黑。

战友们，猛攻柏林，意味着全面的、最终的胜利。以我们的英勇果敢、各兵种的协调一致、互相间良好的支援去扫除一切障碍，急速前进。向城市中心、城市南郊和西郊前进，去迎接从西面推进的盟军。向胜利前进。

方面军军事委员会相信，白俄罗斯第 1 方面军享有荣誉的军人们能够光荣地完成肩负的任务，彻底排除最后的障碍，以新的胜利和新的荣誉在柏林上空树起自己的战旗。

前进，猛攻柏林！

白俄罗斯第 1 方面军司令员　苏联元帅　朱可夫

白俄罗斯第 1 方面军军事委员 捷列金中将

1945 年 4 月 30 日 21 时 50 分，叶戈罗夫中士和坎塔里亚下士在国会大厦的主楼圆顶上，升起了集团军军事委员会授予他们的胜利旗帜时，白俄罗斯第 1 方面军军事委员会在 1945 年 4 月 30 日发布的第 06 号命令中说：

（1）柏林市的国会大厦区由精锐的党卫军部队防守。1945 年 4 月 27 日夜间，敌人还空投了一个海军陆战队营，以加强该区的防御。敌人在国会大厦区对我进攻部队进行了激烈的抵抗，把每一幢楼和每个楼梯、房间、地窖都作为防御的支撑点

苏军攻克柏林国会大厦

和基点。国会大厦主楼内的战斗不止一次变成了白刃战。

（2）库兹涅佐夫上将的第3突击集团军部队，在继续进攻中击破了敌人的抵抗，攻占了国会大厦主楼，并于今天，1945年4月30日……在主楼上升起了苏联旗帜。佩列维奥尔特金少将的步兵第79军及该军所属的涅戈达上校的步兵第171师和沙季洛夫少将的步兵第150师，在夺取国会大厦区及大厦主楼的战斗中表现突出。

（3）对所取得的胜利表示祝贺。由于步兵第171和第150师的全体战士、军士、军官和将军以及直接指挥战斗的步兵第79军军长佩列维奥尔特金少将表现了英勇精神并巧妙、胜利地完成了战斗任务，特对他们宣布嘉奖。由第3突击集团军军事委员会将在夺取国会大厦的战斗中表现最突出的战士、军士、军官和将军的名单报请政府奖励。

（4）彻底战胜敌人的时刻即将来临。我们苏联的旗帜已

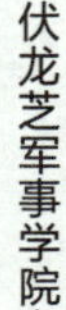

经在柏林市中心国会大厦的主楼上飘扬。

白俄罗斯第 1 方面军的战士、军士、军官和将军同志们！向敌人前进——以最后一次迅猛的突击将法西斯野兽消灭在它的巢穴里，使完全、彻底战胜法西斯德国的时刻更快地来临。

此命令应在方面军所有的连队中宣读。

白俄罗斯第 1 方面军司令员　苏联元帅　朱可夫

白俄罗斯第 1 方面军军事委员　中将　捷列金

白俄罗斯第 1 方面军参谋长　上将马利宁

三、朱可夫 1945 年 6 月 24 日红场阅兵演讲

取得胜利后，朱可夫 1945 年 6 月 24 日在红场阅兵的演讲如下：

红军同志们、海军同志们、士官同志们、军官同志们、将军们！

工农同志们、科研工作者们、苏维埃机关和企业的职员们！

战友们！

以苏维埃政府和全苏维埃共产主义布尔什维克党的名义，并受此委托，这里祝贺你们打败德意志帝国并取得了伟大的胜利，对此表示崇高的敬意。

今天我们祖国的首都——莫斯科，以祖国的名义，祝贺我们取得这场胜利的英勇的苏维埃战士们。今天，战士们——

胜利者们、斯大林少年军校的毕业生们奔走在莫斯科的大街小巷，承载着万古流芳的无数胜利荣耀的战旗屹立在克里姆林宫的城墙下。四年前，法西斯德国对我们的国家发动了强盗行径的侵略。为了捍卫祖国的荣誉、自由和独立，苏维埃人民被迫拿起手中的武器，保卫我们的和平生活。对于我们来说，同法西斯德国——这个阴险强大的敌人的这场战争是一场严峻而残酷的考验。正如斯大林同志所说，这场战争关乎国家的生存与灭亡，关乎苏联人民的生存与灭亡，关乎我们人民的自由和被奴役。

对我们来说，战争的初期形势相当不利。我们遭受了军事上的挫折，并且曾经处在极度危险的时刻，敌人曾经威胁我们祖国的心脏——莫斯科，并且意欲在此庆祝胜利。在这段时间里面，不仅仅是敌人，还有许多我们的国际朋友都认为：红军不可能抵挡得住德军机械化部队强大的进攻。然而我们的人民、我们的红军并没有失去信心。用斯大林同志卓越的军事思想武装的，用列宁—斯大林同志党的思想鼓舞的我们坚信正义事业必将胜利。

当我们捍卫每一寸国土，在战斗中表现出无畏的英雄主义时，苏维埃军队顽强地探索克敌制胜的法宝，运用斯大林军事思想打败敌人，他们最终成功了！当红军击退德军疯狂进攻后，在卓越的统帅斯大林元帅的统领下，他们转入到决定性的反攻阶段，他们将敌人赶出苏维埃土地，将战斗推向到德国的土地上，彻底击溃了希特勒的军队，并且将胜利的旗帜插在了柏林上空。

这些卑鄙的德国侵略者正如其他侵犯我神圣领土的侵略者一样，遭受到了同样的命运。当德国人拿起宝剑挥向我们的时候，他们发现自己终将被我们的利剑所毁灭。德国军队被以苏联、美国、英国为首的伟大盟军所彻底打败，他的强大机械化部队被消灭，罪恶的希特勒政府被摧毁，欧洲的法西斯德国侵略源头被肃清，人类摆脱了万恶的敌人——法西斯德国。

如今，所有人都知道，在取得战胜法西斯德国的历史性胜利中，苏联起到了主要的、关键性的作用。在最艰难的三年里，红军独自同德军和其仆从国军队作战。在战争期间，德军主要力量被困在苏德战场上，很多被红军歼灭和俘虏。在苏德战场上，德军的武器装备神话被打破，欧洲的战争进程向着胜利方向发展。

战争不仅仅告诉我们，我们的军队英勇无比，还诠释了我们的战略战术比之敌人要更胜一筹。在卫国战争胜利之时，我们同样看见了斯大林先进的军事思想的胜利。

在卫国战争中，光荣的红军无愧于人民的巨大信任。他们很好地履行了对祖国的义务，不仅仅保卫祖国的自由和独立，还将欧洲人民从德国人的压迫中解救出来。从今以后，我们不可战胜的红军将永载史册。

卫国战争已经结束，胜利告捷，但是历史仍然没认识到我们为什么会取得胜利。我们社会主义制度、布尔什维克党的英明领导人、苏维埃政府正确的政策、人民团结一心、强大的红军和苏维埃人民忘我的工作，这些是我们胜利的源泉和根本。我们胜利是因为我们伟大领袖——苏维埃大元帅斯大林同志带领我们向着胜利前行。

同志们！

我们付出了巨大的牺牲打败德意志帝国，取得了这场胜利。在这激烈残酷的会战中，我们许多英勇的战友——我国人民最优秀的儿女——牺牲了。今天,在这盛大的欢庆日子里，我们谨向他们表示伟大而崇高的敬意，光荣永远属于在保卫我们苏维埃祖国战斗中捐躯的英雄们。

在四年激烈的战斗后，我们转入到和平发展时期。从战争走出来的苏联更加强大，而红军更是成为世界上最先进和最强大的军队。但是我们——苏维埃人民要戒骄戒躁，今后我们仍然需要巩固提高我国的军事经济实力，不断提高自身军事素质，总结研究卫国战争的宝贵经验，发展我们苏维埃军事思想。

同志们！

今天,我们的国力和军力进入到新的历史阶段。毫无疑问，将来我们的红军和舰队会是伟大成果的忠诚守卫者，随时准备着捍卫苏维埃联盟共和国的国家利益。

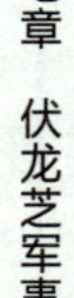

胜利万岁！

光荣属于捍卫祖国荣誉、自由和独立的不可战胜的战士们！

光荣属于伟大的苏维埃人民——胜利者！

光荣属于我们胜利的组织者——伟大的列宁—斯大林党！

光荣属于我们英明的领袖和统帅、苏维埃大元帅、伟大的斯大林！

乌拉！

后记

历时三载，数易其稿，《世界著名军事院校系列》丛书行将付梓。丛书包括《美国西点军校——开启将帅之门的钥匙》、《俄罗斯伏龙芝军事学院——通向将帅之路的桥梁》、《英国桑赫斯特皇家军事学院——领导者的摇篮》、《法国圣西尔陆军军官军校——将军的苗圃》等四本，分别介绍了四大著名军校的沧桑历史、办学风格、传统文化、特训课堂、名人名言等。

丛书编写组成员由后勤工程学院、南京炮兵学院、陆军航空兵学院、空军后勤部、蚌埠汽车士官学校、总装司令部等同志组成。编写人员大多是军校教员和军队教育工作者，本着“求真、求精、求新”的态度，对国内外浩如烟海的资料进行学习、翻译、消化，通过细致的梳理和提炼，剖析并总结这几所军校的历史轨迹、办学特色及发展规律，以飨读者。

在编写过程中，得到中国人民解放军军事科学院世界军事后勤研究部原副部长肖裕声少将和中国人民解放军后勤学院学术研究部研究员张连松大校的精心指导。同时，借鉴和参考了国防大学、解放军理工大学等单位的相关资料。尤其是解放军理工大学，他们与外国军校的广泛交流为我们提供和掌握了较为翔实的材料。

书中引用的部分材料和图片，得到了广大作者的大力支持，给予便利，但仍有部分作者无法联系上，如有版权问题，请与编写组联系。在此，表示诚挚的谢意。

由于水平有限，书中难免有不妥、不正之处，恳请各位读者批评指正。

《世界著名军事院校系列》编写组

2014 年 4 月